Fritz Burger

Einführung in die moderne Kunst

Verlag
der
Wissenschaften

Fritz Burger

Einführung in die moderne Kunst

ISBN/EAN: 9783957004529

Auflage: 1

Erscheinungsjahr: 2015

Erscheinungsort: Norderstedt, Deutschland

Hergestellt in Europa, USA, Kanada, Australien, Japan
Verlag der Wissenschaften in Hansebooks GmbH, Norderstedt

Cover: Auguste Renoir: "Tanz im Moulin de la Galette"

HANDBUCH
D E R
KUNSTWISSENSCHAFT

BEGRÜNDET VON
PROF. Dr. FRITZ BURGER
FORTGEFÜHRT VON
PROF. Dr. A. E. BRINCKMANN
KARLSRUHE

unter Mitwirkung von

Dr. E. v. d. Bercken-München; Dr. Dr. I. Beth-Berlin; Professor Dr. L. Curtius-Freiburg; Dr. E. Diez-Wien; Professor Dr. H. Egger-Graz; Privatdozent Dr. P. Frankl-München; Professor Dr. A. Grisebach-Berlin; Professor Dr. A. Haupt-Hannover; Professor Dr. E. Hildebrandt-Berlin; Professor Dr. H. Jantzen-Freiburg; Oberbibliothekar an der Kgl. Hof- und Staatsbibliothek Dr. G. Leidinger-München; Privatdozent Dr. A. L. Mayer-München; Professor Dr. B. Patzak-Breslau; Professor Dr. W. Pinder-Breslau; Professor Dr. H. Schmitz-Berlin; Professor Dr. P. Schubring-Berlin; Professor Dr. G. Swarzenski-Frankfurt a. M.; Privatdozent Dr. H. Tietze-Wien; Professor Dr. Graf Vitzthum-Kiel; Professor Dr. W. Vogelsang-Utrecht; Professor Dr. M. Wackernagel-Leipzig; Professor Dr. A. Weese-Bern; Professor Dr. H. Willich-München; Professor Dr. O. Wulff-Berlin und anderer Universitätslehrer und Museumsdirektoren

BERLIN-NEUBABELSBERG
AKADEMISCHE VERLAGSGESELLSCHAFT ATHENAION M. B. H.

DIE KUNST DES 19. UND 20. JAHRHUNDERTS

VON

Dr. FRITZ BURGER; Dr. GEORG SWARZENSKI; Dr. AUGUST GRISEBACH

I.

EINFÜHRUNG
IN DIE MODERNE KUNST

VON

Dr. FRITZ BURGER

A. O. PROFESSOR AN DER UNIVERSITÄT
UND AKADEMIE DER BILDENDEN KÜNSTE
IN MÜNCHEN

MIT NACHWORT VON PROF. Dr. A. E. BRINCKMANN - KARLSRUHE

21.—23. TAUSEND

BERLIN-NEUBABELSBERG
AKADEMISCHE VERLAGSGESELLSCHAFT ATHENAION M. B. H.

VORWORT

Abb. 1. E. Munch, Monumentalgemälde in Christiania.
(nach Zeitschrift für bildende Kunst 1908).

Vorworte sind notwendiges Übel. Für eine Geschichte der Kunst des 19. u. 20. Jahrhunderts besonders notwendig. Denn sie berührt Persönliches, Allerpersönlichstes. Sie rührt an die Welt und Lebensordnung der Einzelnen. Das tut niemand ungestraft. Deshalb ist es gefährlich, solche Bücher zu schreiben, in denen nicht so der Stoff behandelt wird, wie dies nach gewohnten Grundsätzen üblich ist. Man begibt sich in den Kampf. Soll nicht ein Historiker überhaupt jenseits des Kampfes der Tagesmeinungen stehen, läuft er nicht Gefahr, den Ruf seiner wissenschaftlichen „Objektivität" zu verlieren, wenn er gewissermaßen in diesem Kampfe Partei ergreift?

Es gibt parteilose Bücher über die Kunst des 19. u. 20. Jahrhunderts. Nomina sunt odiosa. Sie bieten Eunuchenweisheit, die niemanden haßt und niemanden liebt. Das Buch liebt manches, was viele hassen, und doch haßt es nicht alles das, was jene vielen lieben. Es ist nicht im Sinne einer künstlerischen Partei geschrieben, wohl aber im Geiste der Gegenwart. Sie mag Partei und Führerin sein, bei dem Rückblick über Schaffen und Ringen des letzten Jahrhunderts. Das Buch zeige der Jugend ihre Herkunft, ihre Wurzel, ihre geistigen Ahnen auf. Es ist sein Zweck, der Gegenwart zu dienen. Je mehr das Buch ihr wahrhaft angehört, um so mehr wird es jung bleiben.

Die Kundigen werden freilich vielfach noch immer tadelnd das Haupt schütteln, denn um die Kunst der Gegenwart wissenschaftlich zu behandeln, fehlt der historische Abstand. Die historische Gelehrsamkeit will ja den Wert des Kunstwerks und der Künstler aus ihren Wirkungen ermessen, aus ihrer Bedeutung für die Entwicklung. Wir sind mit den Jüngern der Meinung, daß solche Entwicklungsschilderungen auf ganz subjektive Interessen und erkenntnistheoretische Voraussetzungen sich gründen, die letzten Endes zumeist nur zu einem veralteten und bequem zu verwertenden Geistesbestand der Gegenwart gehören und deshalb nicht weniger subjektiv sind wie eine künstlerische Weltanschauung, die diese Interessen und erkenntnistheoretischen Grundlagen der Gegenwart mit vollem Bewußtsein in der Überzeugung ihres weltgeschichtlichen Wertes übernimmt. Diese Werte zu übermitteln ist eine schwere Aufgabe, zumal gewisse Anschauungen einer dogmatischen Schulgelehrsamkeit bei Laien wie

Fachleuten hier zu bekämpfen sind. Das ist freilich bei allem Neuen immer noch so gewesen. Deshalb läßt man am besten Goethes Mephisto reden:

> Daran erkenn ich den gelehrten Herrn,
> Was ihr nicht tastet, steht euch meilenfern,
> Was ihr nicht faßt, das fehlt euch ganz und gar,
> Was ihr nicht rechnet, glaubt ihr, sei nicht wahr,
> Was ihr nicht wägt, hat für euch kein Gewicht,
> Was ihr nicht wünscht, das, meint ihr, gelte nicht.

Was die moderne Kunst will und innerlich bedeutet, sagt die Einleitung. Doch mag hier noch einiges — polemisch gewissermaßen — vorhergesagt werden. Die moderne Kunst prägt sich neue Symbole und neue Lebensinhalte, neue Lebensgesetze. Ihre relative Unverständlichkeit spricht nicht gegen sie, auch nicht gegen die Kunst der Vergangenheit, im schlimmsten Falle gegen die „künstlerische Überlieferung". Denn auch diese ist ein Begriff mit subjektiven und wechselnden Inhalten. Deshalb kann man sagen, daß jede neue Kunstbewegung dem, was Überlieferung heißt, einen neuen Inhalt verleiht. Hier setzt auch zum Teil die Arbeit dieses Buches ein. Umgekehrt ist es daher töricht, die Überlieferung zum Kronzeugen gegen die Moderne anzurufen. Ein grundsätzlicher Fehler. Die neuen Symbole werden erst dann allgemein verständlich sein — und sie rechnen heute mehr denn je mit einer tiefen und nachhaltigen Einwirkung auf die „Allgemeinheit" —, wenn die Symbole der älteren Generation nicht mehr den trübenden Schleier der Erkenntnis bilden und zum Teil untergegangen sind. Das ist besonders hart für die Kunsttheoretiker und Kunsthistoriker, die sich ihre wissenschaftlichen Erkenntnismethoden an der Hand der Überlieferung bereits geprägt haben und aus praktischen Gründen naiv von Unkunst oder unwissenschaftlicher Betrachtungsweise sprechen, wo ihr Begriff von Kunst und Wissenschaft nicht mehr ausreicht.

Deshalb sei auch ein Wort über die Methode der Kunstbetrachtung hier gesagt. Sie paßt sich dem zu behandelnden Stoff an und huldigt im Gegensatz zu dem überwiegenden Teil moderner Kunstbetrachtung nicht einer formalistisch-rationalistischen Ästhetik, sondern ist formaler Natur. Nicht die formale Bewältigung eines Raum- oder Körperproblems gibt die Grundlage des künstlerischen Urteils ab, sondern die Form des künstlerischen Denkens, d. h. Vorstellens, im Farbig-Räumlichen. Die Form wird als anschauliche Verwirklichung bestimmter Denkinhalte, nicht als Mittel zum Zwecke der bloßen Verräumlichung einer sinnlichen Vorstellung gewertet. Die wissenschaftliche Betrachtungsweise gründet sich mithin auf eine transzendentale Erkenntnistheorie. Damit ist nicht gesagt, daß Kunst eine Angelegenheit der Philosophie sei, sondern nur etwas über die Mittel und die Grundlage der hier angewandten wissenschaftlichen Erkenntnismethode. Auf manchen eisernen Bestand des eigenen Urteils wird freilich dabei verzichtet werden müssen. So hat zum Beispiel das Wort „können", „richtig" und „falsch" da keinen Platz im Urteil, wo es sich um die Erkenntnis und Charakteristik der im Kunstwerk verwirklichten Gesichtsvorstellungen und ihren geistigen, in den Formenbeziehungen sich äußernden Gehalt handelt. Deshalb muß auch gleich gesagt werden, daß „Gedanken" in der Kunst gestalten noch nicht heißt eine „reflektierende" Gedankenkunst betreiben. Es ist vielmehr die Frage, ob diese Gedanken ihre Idealität durchs künstlerische Motiv bewahren. Gedanken versinnlichen heißt noch nicht, sie materialisieren.

Bücher wie diese haben notwendigerweise einen programmatischen Charakter, der nicht mit tendenziösem verwechselt werden darf. Deshalb mußte gerade das Verhältnis zur alten Kunst auch in einem längeren Abschnitt klargelegt werden, denn die Probleme, vor die uns die moderne Kunst stellt, zwingen zu einer Abrechnung mit dem, was überhaupt Kunst heißt, zu einer Abrechnung mit der alten Kunst, nicht um sie zu verwerfen, sondern ihres Zusammenhangs mit der Gegenwart wegen. Der Ursprung der modernen Kunst kann aber nur dann gefunden werden, wenn man den Begriff der Kunstgeschichte nicht nur auf das uns geläufige europäische Material ausdehnt, sondern wirkliche Weltgeschichte der Kunst betreibt. Hierin liegt meines Erachtens auch der wichtigste grundsätzliche Fehler der geistvollen Einleitung zu Meier-Gräfes Malerei des 19. Jahrhunderts. Die Renaissance überwiegt da als Ahne der Moderne noch immer und das, was nordisches Denken heißt, wird kaum berührt, das orientalische ganz übersehen, obwohl dieses die Grundlage zum Teil für jenes und jenes das wichtigste Fundament für die Moderne abgegeben hat. Die neuere Kunst ist eine Angelegenheit der nordischen Völker. Die Gotik und die Moderne verbinden das romanische Frankreich mehr ans germanische Deutschland wie an das romanische Italien. Deshalb kann mit Rassen- und Nationalitätsfragen allein hier nicht eine kunstpsychologisch sich abgrenzende Grundlage für das Urteil geschaffen werden. Dasselbe aber gilt für die ästhetischen Schlagwörter wie sie u. a. das Wort Impressionismus darstellt. Meier-Gräfes Geschichte der Malerei krankt daran, daß sie zu sehr vom Standpunkt der französischen Malerei und des sog. Impressionismus geschrieben ist, wodurch Deutschland zur Provinz erniedrigt und die geschichtliche Tatsache ganz übersehen wird, daß Deutschland und seine Kunst in den Mittelpunkt der modernen Kunstbewegung führend getreten ist. Der Feuerzauber des Krieges zeichnet den blutigen weltgeschichtlichen Hintergrund für seine neue nationale Größe und seine neue weltgeschichtliche Mission. Diese Not und Größe der Zeit verlangt nach neuen und tiefergreifenden Symbolen, nach einer Einkehr auf allen Gebieten. Deshalb soll aber ein deutsches Buch eine gerechte Sache sein und Geschichte der Kunst auch nicht vom deutschen, sondern heute mehr denn je vom weltgeschichtlichen Gesichtspunkte aus betrieben werden. Über den frischen Gräbern hinweg wird der deutsche Geist die versöhnenden Fäden selber ziehen mit seinen ererbten adelnden Symbolen und wie am Anfang des Jahrhunderts mit Beethovens „Seid umschlungen, Millionen" auch heute wieder stärker, fester, stolzer den Völkern zurufen als Parole‘ einer neuen Zeit: Menschheitsgemeinschaft.

Abb. 2. Deutscher Holzschnitt, 16. Jahrhundert.

Philipp Otto Runge, Der Morgen
Kunsthalle, Hamburg

Abb. 3. Kandinsky: Holzschnitt (aus Kandinsky „Klänge", Verlag R. Piper & Co.).

I.
Stil und Geist des 19. und 20. Jahrhunderts.

„O, meine Brüder, was ich lieben kann am
Menschen, das ist, daß er ein Übergang ist
und ein Untergang."   Zarathustra-Nietzsche.

1.

Den Kindern späterer Zeiten kann man im Märchen vom Sinn und Wesen der Gegenwart erzählen, von einem Geschlecht, das über Himmel und Erde sich erheben wollte,
aber das Paradies irdischer Herrlichkeit über den nüchternen Symbolen der Vernunft aus dem
Auge verlor, das die Wellen des Kosmos an sich vorüberrauschen sah und doch nur als aus-
gestoßener Büßer vor der Unendlichkeit des Geistes stand. „Wo ist mein Heim?" ruft Zara-
thustra aus: „darnach frage und suche und suchte ich, das fand ich nicht. O ewiges Überall,
o ewiges Nirgendwo, o ewiges Umsonst!" Es war vor die Grenze der Ewigkeit getreten, sah sich
treiben willenlos, ziellos, sinnlos in einsam großer unbekannter Kraft wie in einem Strome, als
einsam blöder Zuschauer in einsam blöder Masse. Sie drohte zu versinken in diesem Weiten,
Großen, in dem alles so nackt und kalt erschien, wie sie selber. Sie fror nach dem warmen
Lichte des Lebens und vor den Toren der Unendlichkeit sahen hungernde Blicke nach der neuen
großen, weiten Heimat des menschlichen Geistes.

Abb. 4. Kandinsky, Holzschnitt (aus Kandinskys „Klänge", Verlag R. Piper & Co.).

Wer wärmt mich, wer liebt mich noch?
Gebt heiße Hände!...
... Gib mir, dem Einsamsten ...
Mein letzter einziger Genoß
Mein großer Feind
Mein Unbekannter
Mein Henkergott! —

Und etliche dieses Geschlechtes zogen aus, um diese neue Heimat des menschlichen
Geistes zu suchen. Sie wanderten einen breiten dunklen Weg, der an sich türmenden Riesen-
trümmern versunkener und versinkender Welten vorüberführte, die lagen wie klotzige, trotzige
Splitter in ungeordneten Massen, wie Riesen und Zwerge kahl, namenlos, inhaltslos, ragend,
stürmend, schwankend, stürzend noch und doch schon tot, zerrissene Körper. im Ungewissen
verloren, - zerrissen von dem starken Schatten des Todes und gebleicht im stillen Lichte
des Nichts.

Abb. 5. Deutscher Holzschnitt, 15. Jahrhundert.

Und in dieser Welt ließen sich etliche nieder und bauten aus dürftig kleinen Trümmern, die sie die Überlieferung nannten, sich ihr neues Haus, in dem der Gott der Schönheit und der Weisheit wohnen sollte. Weise schriftgelehrte Männer wurden seine Priester und alles kam und lauschte ihren Lehren.

Da vergaß man die Welt des Wunders in den Trümmern ringsumher, denn diese Weisen erklärten und ordneten dies Leben nach Namen und nach Dingen. Deshalb starb über dieser behaglichen Ordnung das Leben, und alles wurde hart und starr. Arbeiter riefen sie, fleißige, genügsame, die trugen in einem Leben voll Mühsal und Entbehrung das Bündel der von ihnen gesammelten Weisheiten, und einer gab sie dem andern weiter, das Jahrhundert hindurch. Aber rückwärtssehend wußte keiner von ihnen, wohin vorwärts der Weg sie trug, Wissende, die blind und arm wurden unter der Last ihrer

Weisheit und nur in den Fußtapfen ausgetretener Pfade einen Weg finden konnten.

Da stand ein Prophet auf und schrieb und predigte: „Lieber nichts wissen als vieles halb wissen! Lieber ein Narr auf eigene Faust, als ein Weiser nach fremdem Gutdünken! Ich gehe auf den Grund, was liegt daran, ob er groß oder klein ist? Ob er Sumpf oder Himmel heißt ... In der echten Wissensgewissenschaft gibt es nichts Großes und nichts Kleines.“ Und der Prophet sprach weiter: „Wer über alte Ursprünge weise wurde, siehe der wird zuletzt nach Quellen der Zukunft suchen und nach neuen Ursprüngen ... O Brüder, es ist nicht über lange, da werden neue Völker entspringen und neue Quellen hinab in

Abb. 6. Deutscher Holzschnitt, 15. Jahrhundert.

Abb. 7. Deutscher Holzschnitt aus dem 16. Jahrhundert.

neue Tiefen rauschen. — — Das Erdbeben nämlich — — das verschüttet viel Brunnen, das schafft viel Verschmachten, das hebt innere Kräfte und Heimlichkeiten ans Licht. — — Das Erdbeben macht neue Quellen offenbar. Im Erdbeben alter Völker brechen neue Quellen aus."

Da kam eine junge, große Schar, hartknochig, erfüllt von einem heiligen Glauben an eine höhere Macht, die in ihnen und mit ihnen lebt, sie gemeinsam leitet, ihnen Kraft und Sieg verleiht. Sie trugen die göttliche Verheißung mit sich und bliesen aufs neue die Posaunen des Gerichtes. Und die Mauern barsten, in denen Philister in sattem Behagen ihre kleinere Welt von der großen draußen abgegrenzt hatten, unbekümmert um die, die nach dem freien weiten Lichte des Geistes schmachteten und darbten. Da wurden „die Weisen unter den Menschen wieder einmal ihrer Torheit und die Armen wieder einmal ihres Reichtums froh". Und eine Stimme frug: „Warum sollte nicht die stumme werbende Natur, die nichts ist als gelebtes Leben und Leben, das wieder gelebt sein will, ungeduldig der kalten Blicke, mit denen du sie triffst, dich zu seltenen Stunden in sich hineinziehen und dir zeigen, daß auch sie in ihren Tiefen die heiligen Grotten hat, in denen du mit dir selber eins sein kannst, der draußen sich selber entfremdet war?"

Abb. 8. Kandinsky: Holzschnitt (aus Kandinsky „Klänge", Verlag R. Piper & Co.).

Da leuchtete langsam wieder die Welt des Wunders auf. Es kam Leben in jene Splitter und Trümmer versunkener Geschlechter, sie gebaren den Sturm und alles wankte, floh, stürzte und im chaotischen Getriebe tobte der Geist des neuen Lebens über dem Totenfelde des alten einher und doch sank dies Vergangene nicht in Nacht und Dunkel zurück, sondern durchdrungen von der Kraft des neuen Geistes wurde es neugeschaffener Teil jenes allerfüllenden Wesens, das das große Wunder kosmischen Lebens beschwor. Da klang die Stimme des Propheten wieder: „Das Meer stürmt: alles ist im Meere. Wohlan, wohlauf! Was Vaterland! Dorthin will unser Steuer, wo unser Kinderland ist! Dort hinaus, stürmischer als das Meer, stürmt unsere große Sehnsucht." Da fiel alle Hülle und Tand des Wissens, der das Auge umschmeichelte, man suchte und fand die Seele im Kinde, im Menschen, im Kosmos wieder, „die umfänglichste Seele, welche am weitesten in sich laufen und irren und schweifen kann, die notwendigste, welche sich aus Lust in den Zufall stürzt — die seiende Seele, welche ins Werden taucht, die habende, welche ins Wollen und Verlangen will, die sich selber fliehende, die sich selber im weitesten Kreise einholt."

Zum neuen Leben wurde die Vergangenheit, zum Lebenswunder. Leiden und Freuden, Hoffen und Wünschen, Denken und Glauben der Gegenwart tönt im Echo zurück aus Jahrtausenden. Es rufen die Geister, wach geworden zu tätigem Leben, es predigen die Geschlechter. Aus der Sintflut unendlicher Gestaltenfülle formte sich feierlich und groß der neue Kosmos des Geistes.

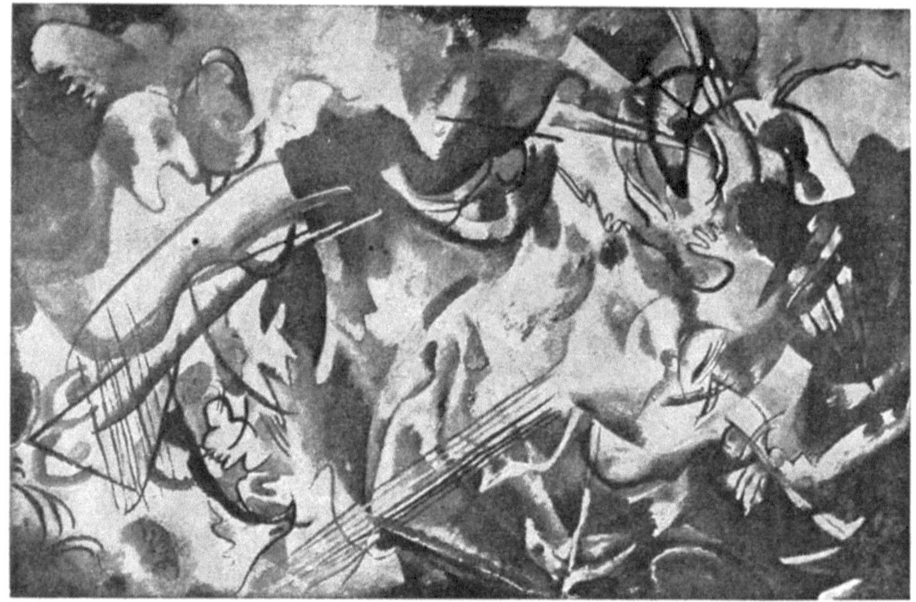

Abb. 9. Kandinsky: Komposition (aus Kandinsky, Sturm-Verlag).

Befreit vom Ballast äußerlichen Wissens begann ein Leuchten und Klingen im Kosmos ringsum, die Berge verflüchtigen sich zur schwebenden Wolke, die Wolke festigt sich zum Berge, die Wiese wird zum schimmernden Spiegel, durch den das Licht des Himmels von einer Unendlichkeit in die andere die Kunde trägt, es dampfen und steigen Kräfte aus unbekannten Tiefen, es gleißt der Glanz von unbekannter Höhe, es kreist die Wildheit im ewigen Sturme, es stürmt das Große auf das fliehende Kleine, es ringen die Massen nach Luft und Raum, es gebietet die Stille, es drohen, bezwingen, vernichten die schwarzen Schatten, es siegt und triumphiert das blühende starke Licht, es recken aus ewigen Gründen die Körper, gleich Riesen zum bebenden Himmel sich, es toben, klagen, träumen, zittern die Farben, im Äther verschwimmend, es seufzen, hassen, kämpfen, sinken, erstarren die Linien, gleich Sternenbahnen aus der Unendlichkeit fließend und verfließend. Da stirbt die bange Engigkeit des Lebens und die Erde wird zum Sternengefunkel, zum Flammengefüge, zum leuchtenden Morgen der Weltenschöpfung. Das Materielle und alles Fleischliche versinkt vor der Urkraft und dem Ursinn des Daseins, in der Götterdämmerung der Vergangenheit feiert das Geistige der Seele eine große Auferstehung. Das Menschengeschlecht bespiegelt das Wunder seines Daseins im Kosmos wieder und fühlt sich eins mit jener Urkraft, die am Anfang der Tage die Berge aufwarf: Die Menschen leben ein neues kosmisches Leben und beten den Geist der Schöpfung im Schaffen und Wollen des eigenen Geistes an. Und mit Bergen soll der Erkennende bauen lernen! rief der Prophet. „Wenig ist es, daß der Geist Berge versetzt — wußtet ihr das schon?"

Abb. 10. Archipenko, Weibliche Gestalt.

Abb. 11. Pablo Picasso, Kopf (Phot. Kahnweiler Paris).

Die Menschen wurden zum Verächter des Leibes, denn sie sahen in ihm nur die Verkörperung des Geistes, seines Dramas und seines Geheimnisses, seiner rätselhaften Größe, seiner stolzen Gesetzlichkeit wie seiner launischen Unberechenbarkeit. Da verlor der Körper die Fleischlichkeit seines Daseins, man lernte ihn aus Bergen bauen (Abb. 10), denn er war der Sohn und nun Herrscher jener Kraft, die am Anfang der Tage die Berge schuf, lernte aus schreckhaften Abgründen Gestalten formen (Abb. 11), verehrte die stumm gewordene, kalte Energie des Todes, seinen mächtiggespenstischen Glanz, die Furchtbarkeit des Furchtlosen, die grauenhafte Einsamkeit eines zeitlosen in sich gekehrten Willens geschlechtsloser Wesen (Abb. 11). Der Inhalt des menschlichen Lebens verschwindet in der harten Gesetzlichkeit des Kosmos, wird zum Riesen im Riesenhaften. Man verehrt die hehre Ruhe und die majestätische Größe dessen, das jenseits von Gut und Böse in der stolzen Gebundenheit seiner Kraft besteht (Abb. 13), bestaunt und gestaltet die ungeheure Spannung geistiger Energie, den Fanatismus und die seherische Kraft des disziplinierten Willens (Abb. 14), den Schmerz der Erkenntnis, den Schmerz des ewigen Gebärens (Abb. 12). Es redet die menschliche Gestalt vom Kosmos im Menschen, vom jagenden Sturm unendlicher Leidenschaften eines ziellosen Geistes (Abb. 15), tausendfach zersplittert und gespalten, gleich gepeitschten Furien in den Formen rasend, der ganze Mensch aufgelöst in Nerven, schreckhaft, blitzartig, wahnsinnig, aufflammend zu wildem Schrei, fliehend zerfließend, alle Bosheit und Tücke, alles kindlich Gute im unendlichen Wirbel reißend, im schwindelnden Wechsel des Wachstums. Jenseits der ephemeren Willensziele der einzelnen Persönlichkeit sieht man in dem wunderlich verästelten Gebilde begrenzter menschlicher Körperlichkeit nur die Selbstverwirklichung eines ewigen Geistes und in ihm die Ursache des Kleinen wie des Großen, von Haß und Liebe, Gesetz und Freiheit. Die aufgehende Sonne dieses Geschlechtes ist nicht das ·beglückende Licht schmeichlerischer Schönheit, sondern die kämpfende Kraft, die aus bebendem, zerrissenen Kosmos die verschleierte Einheit erzwingt, die Kraft, die hinter dem Dunkel aus der Tiefe sieghaft herauswächst und die

Abb. 12. Auguste Rodin. Der Mann mit der zerbrochenen Nase (nach O. Grautoff, Rodin).

Abb. 13. P. Cézanne, Selbstporträt (Phot. Druet, Paris)

Abb. 14. F. Hodler, Selbstporträt
(Phot. R. Piper & Co.)

Abb. 15. O. Kokoschka, Porträt (nach „Ausstellung moderner Meister", Goltz, München)

alte zitternde Welt langsam mit der Macht ihres Wesens durchdringt. Aus unberechenbaren Launen des Schicksals gestaltet sich das Individuum und seine individuelle Form verkörpert das unpersönliche Gesetz der Ewigkeit.

Es wachsen aus wirbelndem Chaos kristallene Säulen und über tausend Brücken und Stegen formt sich ein neues Geschlecht seinen Tempel der Unendlichkeit. Da schweigt die plastische Bildkraft in der glitzernden Metamorphose alles Lebens, das Auge ordnet nicht mehr die Dinge zu klarer Unendlichkeit mit oben und unten, hinten und vorne (Abb. 16). Es wächst, steigt, fällt von einer Unendlichkeit in die andere und bleibt doch gebannt in die große starke Stille ewigen Gesetzes. Das Wort verstummt vor dem Klang der Seele. Es erfüllen sich die Worte des Propheten: „Was geschah mir, horch! Flog die Zeit wohl davon? Falle ich nicht? Fiel ich nicht — horch in dem Brunnen der Ewigkeit? ... Siehe es gibt kein oben, kein unten! Wirf dich umher, hinaus, zurück du Leichter! Singe! Sprich nicht mehr ... denn ich liebe dich o Ewigkeit".

Abb. 16. Franz Marc, Wasserfall im Eis
(aus „Deutscher Herbstsalon', Sturmverlag).

Abb. 17.   Brücke zwischen Newyork und Brooklin.

2.

Jacob Burckhardt hat vom 19. Jahrhundert gesagt, es hätte das Pensum der Vergangenheit noch einmal aufsagen müssen. Ein hartes Urteil, in das sich das ironische Lächeln des Kundigen verflicht, der von dem Genius besserer Zeiten getragen, auf die schulmeisterliche Weisheit der Gegenwart fast mitleidig herunterblickt. Wer flüchtig zusieht, kann das Urteil treffend finden: die Geschlechter wechseln die überlieferten „Stile" wie Gewänder, die man anlegt und wieder abnimmt. Die griechischen Tempel, die gotischen Kathedralen, die Schlösser der nordischen Renaissance und des Barocks liefern das wechselnde Vorbild; man sieht die launische Folge von Stilarten und frägt vergeblich nach dem Stile der Zeit.

Die Zeit hat sich selbst diese Frage vorgelegt. Es war lange ihr tiefster Kummer, sie verneinend beantworten zu müssen. Die Gegenwart ist anderer Anschauung geworden, seitdem die den Begriff umgebende dogmatische Hülle fiel und die Einsicht sich Bahn brach, daß „Stil" nicht ein enges künstlerisches Programm bedeutet, sondern Ausdruck eines Schicksals ist, ein Ordnungsprinzip, in dessen ewiger Metamorphose sich die Geistesentwicklung der Menschheit darstellt.

Die Interessen und die Aufgaben des 19. Jahrhunderts waren andere wie die vorangegangener Zeiten. Es war eine Art Atemholen der Menschheit vor den triumphalsten Leistungen ihres Geistes. Die tausendjährige Arbeit kam ihr zum Bewußtsein. Bevor sie ihren wichtigsten und folgenschwersten Schritt tat, sah sie zurück, prüfte sich selbst und ihre Leistungen.

Man lernte sich als Kind und Erbe vergangener Zeiten fühlen und steckte sich die Aufgabe, ihr Denken und ihre Werke zu einem bewußten inneren Besitz zu machen. Sollten die Geschlechter der Vergangenheit nicht umsonst gearbeitet haben, dann galt es, diesen Besitz fruchtbar zu machen. Es war das Arbeitsprogramm, das sich eine neue Zeit selber stellte.

Rückwärts gesehen hat die Menschheit des Mittelalters wie die der Renaissance, aber für sie beide war nur ein zeitlich beschränkter Kultur- und Kunstbestand, die Welt der Griechen, eine Quelle zur Bereicherung des eigenen Vorstellungsvermögens. Das 19. Jahrhundert sah auf die tausendjährige Gesamtleistung der europäischen Welt zurück und prüfte sie auf ihren gemeinsamen ewigen Gehalt. Man sah, geleitet von den Entdeckungen der Naturwissenschaft, in dem Erbe der Vergangenheit nicht etwas G e g e b e n e s , sondern etwas G e w o r d e n e s . Es galt, den Sinn und Zweck dieses Werdens in einer Universalgeschichte zu ergründen, um die Lehren der Entwicklung der alten Menschheit der Entfaltung einer neuen nutzbar zu machen.

Die Aufnahme und Gliederung des überlieferten künstlerischen Bestandes findet generell durch Inhalt und System dieser Weltanschauung ihre natürliche Erklärung. Man sucht aus d e r e l e m e n t a r e n G e m e i n s c h a f t s i d e e der Stilarten d i e a l l g e m e i n e G r u n d l a g e d e s S t i l s , des künstlerischen Schaffens praktisch zu gewinnen von Anfang an. Es war mithin kein eklektizistisch-akademisches Stilideal nach Art der Bolognesen im 17. Jahrhundert, sondern die k r i t i z i s t i s c h b e g r ü n d e t e I d e e von dem Wesen des künstlerischen Geistes, auf der man baute. Man wollte auch hier das Individuelle des Stiles aus einer allumfassenden ursächlichen Grundformel des künstlerischen Geistes — teils genetisch — teils rational erklären, wobei man nach dem jeweiligen Inhalte des eigenen Denkens die Grundformel mehr in diesem oder jenem Stile zu entdecken glaubte. Daher der Wechsel der Stilarten.

Über den gewiß oft kläglichen Resultaten steht das geschichtliche Endergebnis: „S t i l" ist d i e a n s c h a u l i c h e V e r w i r k l i c h u n g d e r D e n k g e s e t z e d e s m e n s c h l i c h e n G e i s t e s und d a m i t f o r m g e w o r d e n e r A u s d r u c k jener durch die künstlerische Persönlichkeit i m K u n s t w e r k v e r m i t t e l t e n L e b e n s i n h a l t e u n d L e b e n s s y s t e m e . In diesen liegt das Wertvolle nicht im äußerlichen ästhetischen Programm. Der anfängliche schwächliche Skeptizismus war nur eine Episode, die den Beginn der neuen Zeit kennzeichnet. Wenn Ingres frägt: „Gibt es noch etwas Neues? Alles ist dagewesen; alles ist schon getan. Unsere Sache ist es nicht, Neues zu erfinden, sondern das Überkommene zu hegen und fortzuführen", so hat schon damals ein deutscher Künstler Philipp Otto Runge dem bloßen Adel einer großen künstlerischen Überlieferung den starken Idealismus einer selbstbewußten jungen Zukunft entgegengesetzt. „Was mein Abspringen von dem ordentlichen Wege betrifft, so muß ich zum Leidwesen der ordentlichen Menschen gestehen, daß das viel ungeheurer noch werden muß. Ich fühle es ganz bestimmt, daß die Elemente der Kunst in den Elementen selbst nur zufrieden sind, und daß sie da wieder müssen gesucht werden; d i e E l e m e n t e s e l b s t a b e r s i n d i n u n s u n d a u s u n s e r e m I n n e r s t e n a l s o s o l l u n d m u ß a l l e s w i e d e r h e r v o r gehen." Deshalb bedürfen selbst die Formen der Vergangenheit der Erinnerung an eine große Herkunft nicht mehr, seitdem sie der moderne Subjektivismus zum Organ seiner feingliederigen Seele gemacht (Abb. 22 bis 24) und ihren geistigen Gehalt in einer neuen künstlerischen Einheit verändert hat. Anfang und Ende des Jahrhunderts reichen sich da im Prinzip die Hand.

Das Aufsuchen der e l e m e n t a r e n G e s e t z l i c h k e i t auf allen Gebieten des Weltengeschehens, der Hang zur Systematisierung auf allen Gebieten des Denkens und Gestaltens ist das auszeichnende M e r k m a l d e s G e i s t e s d e s J a h r h u n d e r t s gewesen. Kant baut auf den elementaren Grundlagen alles Denkens nüchtern, klar, einfach ein felsenhart geschlossenes System des Denkens auf und findet in der Gesetzlichkeit seiner Grundformen die Urgestalt der Wahrheit, in der das von allen historischen Begriffen befreite Wesen des Menschlichen sich als Spiegel des Kosmos erkennt.

Die M e n s c h h e i t b e g i n n t nach dem Vorgange des Griechentums und der Renaissance a u f s n e u e s i c h a u f s i c h s e l b s t z u b e s i n n e n und aus den objektivierten Formen i h r e s D e n k e n s d i e L e b e n s e i n h e i t e i n e r n e u e n W e l t s i c h z u s c h a f f e n .

Deshalb hat das 19. Jahrhundert den Gesamtbestand der Menschheitsgeschichte und

Menschheitskultur zu umfassen und geistig zu durchdringen versucht, wobei der Zwang /zur
Ordnung von selbst zu einer kritischen Prüfung ihrer elementaren Grundlagen führte.
Dieser Kritizismus begleitete als praktische Folge die Revolution auf geistigem, künstlerischem
und politischem Gebiete, die, erkenntnis-theoretisch gesprochen, nichts anderes als eine Rückführung aller Kultur und Zivilisation auf ihre Elementarform ist. Die kritizistische Betrachtung
des Staatssystems und die Rückführung auf das „Urprinzip" seines natürlichen Wesens verbindet Rousseaus Contract sozial mit der Fichteschen Staatslehre; sie führte einerseits zu einer
völligen Verwerfung aller traditionell gewordenen Kulturgüter, wie zu einem ideologischen System
der Menschheitsgeschichte, wobei beide als Verfechter der absoluten Wahrheit auftraten. Das
Aufkommen des dritten und vierten Standes, des Bürgers und schließlich des Arbeiters, die die
politische und geistige Aristokratie als Kulturträger entthronen, um selbst an ihre Stelle zu
treten, sind auch äußerliche und praktische Begleiterscheinungen dieser neu sich orientierenden
Weltanschauung. Die deutschen und französischen Romantiker, die Künstler des Impressio-

Abb. 18. Rodin, Sphinx (Phot. Dr. Fr. Stoedtner).

nismus und schließlich die jüngste Frucht dieses Geistes: Henri Matisse, Picasso und die
Deutschen wie Marc, Klee, Nolde und die um den „Blauen Reiter" haben die Kunst auf
ihre elementare Grundlage zu stellen und die Naturgesetzlichkeit in ihr, den neuen Lebensinhalten entsprechend, zu ergründen versucht.

Der kritizistische Geist bildet die erkenntnis-theoretische Grundlage des
Stils der Neuzeit. Von Anfang an. Man darf sich nur nicht durch das historische Gewand
täuschen lassen. Durch ihn wird auch eine neue Grundlage der künstlerischen Gestaltung geschaffen, formal wie inhaltlich. Es war eine Schicksalsfrage, die sich der menschliche Geist stellte.

Die Naturwissenschaften haben das Dasein nicht nur nach den allgemeinen Lebensbedingungen, sondern auch nach seiner besonderen geschichtlichen Entwicklung betrachten gelernt
und deshalb in den Mittelpunkt des Denkens die Frage nach den Beziehungen der allgemeinen
Natur- und Denkgesetzlichkeit zu dem individuellen geschichtlichen Verlauf des Lebens gerückt. Der Besitz des Erbes der Vergangenheit schien an der Lösung dieser Frage zu hängen. Die Geschichts- und Kunsttheorien sind aus ihr hervorgegangen ebenso wie alle großen
und kleinen künstlerischen Leistungen.

Die Arbeit der Zeit zerfällt dabei von Anfang an in zwei Lager: Auf der einen Seite
die rückwärtsschauenden Propheten, die den Sinn und Zweck des Daseins aus der Universalgeschichte des menschlichen Geistes nutzbringend für die Gegenwart zu ergründen sich mühten,

auf der andern Seite die eigenwillige Kraft der Jugend, die auf ihre Freiheit und Selbständigkeit, auf das Selbstbestimmungsrecht ihres Geistes pochte und immer wieder diese ihre
Feinde bekämpfte und ihren Geist verneinte, mit aller Schärfe, alles und jedes, was die
historische Gelehrsamkeit ihr als gut und edel pries. Es bekriegt die Gegenwart die Vergangenheit, aber mit dem Worte Abrahams „ich lasse dich nicht, du segnest mich denn".
Die banale Vielwisserei und äußerliche Gelehrsamkeit philiströsen Konservativismus', die das
Unsterbliche im Denken und Schaffen des Vergangenen sucht, bekämpft den Eigensinn
und Trotz, den launigen Eintagswillen der Jugend, die nach dem flüchtigen Geist der Gegenwart hascht und mit eifernden Händen, heißem Begehren aus dem rasenden Rollen der Begeben-
heit das Bleibende sucht, um den Boden zu festigen und zu bebauen, der nie sich festigen will,
der Zeit Halt zu gebieten, die kein Halten kennt und die jedes kräftige Heute mit dem Fluche des
blassen Gestern verdammt. Im dunklen Strome dieses Lebens stellt jeder für sich die Frage nach
dem Werte des Lebens, seines Lebens, mit wahnsinniger Angst oder verzweiflungsvollem Mut
oder verbissenem Trotz (Abb. 18), dies Bild: der Stil unserer Städte, der Stil unserer Zeit: Das
Kunterbunt der Formen, das rücksichtslose Wachstum, der rigorose Eigensinn, mit dem das
Neue sich neben das Alte stellt, das Heute das Gestern in brutalem Machtanspruch verdrängt, mit
klobiger, klotziger Größe so auffällig und plump von der Dauer seines Daseins spricht, und
doch nicht den Fluch seiner niederen Geburt verbergen kann, der harte Wille, der nur in der
nüchternen Arbeit, in einer asketischen Sachlichkeit das Bild seines Wesens in tendenziöser
Verneinung prostituiert und aus diesem strengen konstruierenden Geist das gebieterische Zeichen seiner praktischen Intelligenz neben die rührsame Bescheidenheit vergangener Geschlechter oder die absonderliche Einsamkeit romantischer Formenpracht setzt. Der Zauber dieses
Bildes liegt zum Teil gerade in dieser Stillosigkeit im akademischen Sinne, der gegenüber
alle Kunst und künstlerischen Bilder zumeist als Theater oder Pose wirken, die mit dem
eigentlichen Organ des überquellenden, sich überstürzenden Daseins nie und nimmer verwachsen
wollen. Aber gerade diese Unrast, der strömende Wechsel im Wirrsal des täglichen Lebens
hat die Zeit den Blick auf die Ewigkeit auch mitrichten gelehrt.

Die Generationen sind freilich gestorben, die mit sentimentalen Sehnsuchtsgedanken sich
selbst bejammerten. Das neue Geschlecht ist härter, stärker. In Eisen und Stahl hat es bauen
gelernt und die Märchen, die es gestaltet, spielen nicht mehr im wunderlichen Halbdunkel der
Waldeseinsamkeit, sondern in dem labyrinthischen Getriebe der großen Stadt, wo die Häuser zu
babylonischen Riesentürmen werden (Abb. 19), in einem Meer von Steinen, wo Millionen von
Menschen von den organisierten Wunderkräften der Natur in schwindelnder Geschwindigkeit
von einem Orte zum andern fliegen und der Geist des Menschen in tiefster Erde und Sternen-
weiten täglich seine Spaziergänge unternimmt, um schwerbeladen mit Funden und Schätzen täglich der staunenden Mitwelt von der Zauberkraft seines organisierten Intellektes zu erzählen.

Deshalb darf man den „Stil" des 19. und 20. Jahrhunderts nicht in jenen eklektizistischen Einzelbauten suchen, man richte den Blick auf das Organ unserer Städtegesamtheit,
denke nicht mit der Zensorenstrenge der Kundigen an die „Fehler" und brutalen Geschmack-
losigkeiten, sondern sehe das dramatische Ringen eines äußerlich reichen und innerlich ver-
armten Geschlechtes, hier und dort die Riesenkraft der Jugend in den Bahnhöfen und Häfen,
in den Brücken und Wägen, um zu fühlen und zu erkennen, daß da ein neuer Geist seine
Formen sich selber prägt, die mit ganz anderem Maße und weiteren Blicken gesehen und
gewertet sein wollen.

Dieser Geist ist älter als man glaubt. Dies neue Geschlecht hat sich künstlerisch

Abb. 19. Woolworth-Haus, Newyork.

längst das Wahrzeichen ihres Wesens geschaffen, bevor das blasse Gemüt der Intellektuellen um seine Existenz sich sorgte. Die „Technik" selbst hat es mit erschaffen, errechnet scheinbar, und doch ein Kunstwerk mit unerhört klar ausgesprochener, programmatischer Wirkung. Als 1879 in einer alten und doch immer jungen Metropole europäischer Kultur die Nationen eine monumental-phantastische Wohnstätte moderner, weltumfassender Zivilisation für die kurze Zeit des geistigen Wettkampfes sich schufen, da stieg von allen Ästheten und Künstlern wie der Satan, schon vor der Geburt gehaßt, über die bunte Arena das Ungeheuer einer eisernen Riesennadel zum Himmel empor, wie in uralten Zeiten babylonischer oder ägyptischer Herrlichkeit: ein Turm, dessen Spitze an den Himmel reicht! Was dort ganzen Volksstämmen durch harte Arbeit — Generationen hindurch — nur langsam gelang, wurde hier durch wenige hundert Arbeiter in wenigen Monaten ums doppelte an Höhe übertroffen. Mit einem Minimum an Arbeit ein Maximum an Kraft! In den Pyramiden hat ein

Abb. 20. Dampfhammer in Essen.

Abb. 21. Eiffelturm in Paris (Photogr. Stödtner).

versunkenes Geschlecht die klobigen Urkräfte einer Bergesmasse durch die stereometrische Elementarform zur Würde eines künstlerischen Prinzipes erhoben, das in der Einfachheit seiner Struktur, jenseits aller individuellen und persönlichen Inhalte stehend, ohne Willenskampf von Stoff und Form oder Motiv und Gestalt jeder rationalen Ausdeutung widerstrebt, wie ein Symbol der starren Majestät des Ewigen, das alles Lebendige und Tote zugleich in seiner hehren Ruhe umschließt. Am Eiffelturm ist alles Macht, Wille, Sieg, verhaltener Triumph. Der Geist, der seinen Stoff selbst erzeugt, ihm Form und durch sie erst Leben gebietet und bei einer ungeheuren Spannung der Kräfte das jubelnde Symbol unwiderstehlicher, geistiger Energie sich schafft in einem ehernen Bau, in dem das Einzelne für sich betrachtet ein sinnloses Nichts, nur im Ganzen Wert und Sinn erhält. Mit brutaler Energie greift der vierfüßige Riese ins Erdreich ein, stemmt sich empor und aus der gedrückten Masse sich sammelnder Energie schießt himmelhoch in einer graziösen Kurve, durchsichtig wie feiner Filigran der Turm hervor, körperlos und doch voll Leben, formlos im Sinne des künstlerischen Motivs und doch geformt in einer selbstherrlichen Gesetzlichkeit. Der Vergleich mit dem gotischen Turm liegt nahe. Aber dort ist das Grundmotiv aus dem Ganzen herauszulösen, seine gesetzliche Metamorphose rational verfolgbar und erklärbar. Das Verwunderliche an diesem „Körper", der scheinbar das reine Kind nüchternen Verstandes ist, bleibt künstlerisch betrachtet, die Irrationalität seines Motives. Es ist ein Stück des kosmischen Logos, das man in dem ätherischen Bilde dieses Riesenleibes bewundert, eine immaterielle Größe, die triumphale Macht seiner e lementaren Gesetzlichkeit. In ihrem Logos geht der Gedanke an das materielle und begrenzte Dasein des Räumlichen völlig unter. Sie ist nicht Ordnung eines sinnlichen Materials, das

H. von Marées, Bad der Diana
(Verlag E. A. Seemann, Leipzig)
Neue Pinakothek, München

Abb. 22. F. E. Scholer und E. Bonatz, Stadthalle von Hannover (Phot. Wasmuth).

außer ihr liegt. Der Begriff des Materials ist hier völlig ausgeschaltet und das anschauliche
Ergebnis der Konstruktion ist zum konstituiven Element des immateriellen Körpers geworden.
Daher kein Körper, der vergeistigt, keine Hülle, die verlebendigt, keine Materie, die bezwungen
werden müßte. Im gotischen Turm ist alles sieghafte Überwindung, wird alles in den Organismus
des Ganzen hineingezwungen. Hier ist alles sich selbst organisierendes Leben, der individuelle Wille, der sich selbst Form und Gesetz gebietet, im System allein Gestalt gewinnt.
Die „Gestalt" reicht nur so weit wie dies System, greift nicht darüber hinaus zur materiellen
Körperlichkeit. Befreit von allem Ballaste historischer Überlieferung, hat hier scheinbar außerhalb des künstlerischen Reiches ein Genius durch die Reinheit seines Denkens die junge Zeit
in einem Augenblick verkörpert, da man „unten" im Banne des Erbes der Zivilisation noch
blind für ihr künstlerisches Wesen war. Wie viel hatte man sich bemüht, die moderne Kunst
zu finden. Es war ein Glück, daß hier nicht einmal der persönliche Wille zur Kunst vor-
handen war. Man glaubte den Ausdruck des Persönlichen überall suchen zu müssen und
fand überall auch hier den Inhalt des Ewigen.
     Dieser Geist ist auch für die Umbildung der historischen künstlerischen Symbole im
Dienste der neuen Inhalte verantwortlich zu machen. Nach dem anfänglichen Historizismus,
der sich streng an die Individualgesetzlichkeit der Stilarten und ihr akademisch-
dogmatisch aufgebautes Stilbild halten zu müssen glaubte, hatten auch für die Baukunst aus der kritizistisch begründeten Idee von dem Wesen des künstlerischen
Geistes neue leitende Grundsätze sich herausentwickelt. Die eklektizistischen Bestrebungen wie
die rationalistischen Einfälle, die die bloße äußerliche, nüchterne Strukturklarheit zweckentspre-
chender Bausysteme auf Grund eines nur halb durchdachten künstlerischen Wahrheitsbegriffes

Abb. 23. P. Bonatz und F. E. Scholer, Empfangsgebäude für den Hauptbahnhof in Stuttgart (Phot. Wasmuth).

forderten, hatten geschichtlich eine relativ geringe Bedeutung gegenüber der schließlichen Erkenntnis, daß die Stilart nur die freie individuelle Ausdrucksweise für neue Inhalte ist. Diese werden nicht durch den abstrakten, von Künstlergelehrten charakterisierten „Zeitgeist", sondern durch jene Idee umschrieben, die den Baukörper zum Organ seiner praktischen Lebensexistenz macht und das Formengesetz nach Charakter und System selbst bestimmt. Der Bahnhof, der Festsaalbau, das Gesandschaftsgebäude geben geistige Inhalte, deren Gestaltung nicht mehr allgemeingültigen Stilformeln überlassen bleiben, sondern aus der Erkenntnis ihrer geistigen Lebensursache heraus geboren werden.

Die beiden Bauten von Bonatz entwickeln ihren Aufbau mit fast demselben Stilmaterial: schmucklose Mauern und schmucklose Säulen, zwischen denen Fenster und Türen schmucklos verteilt sind.

In dem Festsaalbau des Pathos und die Macht der sinnlichen Masse, eine wohlgegliederte diskrete Pracht ohne grob-materialistische Dekoration, repräsentative Würde, Erdenschwere und doch priesterlicher Festgesang, monumental feierlich festlich, glanzvoll (Abb. 22). In dem Bahnhofsbau Sparsamkeit der künstlerischen Mittel, nüchtern diszipliniert, alles ohne Ziererei und Gefallsucht, ein sehr sachlich verfahrender Wille ohne tendenziöses Puritanertum in diesem verschlossenen Für-sich-sein, nackt, scheinbar phantasielos, kalt und

Abb. 24. P. Behrens, Deutsches Gesandtschaftsgebäude in Petersburg.

doch mit einer seltsam verinnerlichten Energie, die dem Wirken dieses Geistes den romantischen Reiz verleiht (Abb. 23). In dem Botschafterpalais in Petersburg von Peter Behrens präludiert bei annähernd denselben Stilmitteln die stolz geschlossene Macht der Säulenphalanx mit der distanzgebietenden Würde eines disziplinierten Willens und doch zugleich mit der weltmännischen, fast etwas femininen Eleganz nicht ohne Zugeständnisse an den überlieferten historischen Stilbestand (Abb. 24).

Aber auch Malerei und Plastik erhalten durch diesen Geist der Neuzeit einen ganz anderen Platz im modernen Leben. Denn da die Kunst sich überhaupt eine kritizistische Prüfung ihres Wesens gefallen lassen und Rechenschaft über den ethischen Wert ihres Daseins geben mußte nach ihren Beziehungen zu dem Gesetze des menschlichen Denkens, nach den Grenzen der ihr eigenen Welt, wird nicht nur die Kunst, das Kunstwerk, der Akt der anschaulichen Gestaltung zum Teil ein wissenschaftliches Problem, sondern auch der Gegenstand der Gestaltung selbst problematischer Natur. Der schöpferische Geist objektiviert sich hier selbst und frägt nach dem Gegenstand und dem System seiner elementaren Gesetzlichkeit.

Durch diese Festlegung der objektiven Grundtatsachen des künstlerischen Schaffens nach Inhalt und Form wird das Kunstwerk losgelöst von allen praktischen und dekorativen Zwecken, rein als reine Verkörperung des menschlichen Geistes und seines Lebensprinzipes betrachtet und gewertet. Das Kunstwerk wird bewußt zum Erkenntnisproblem der Weltanschauung und ebenso wie ihr Inhalt Gegenstand der Gestaltung. „Mensch" und „Natur" sind nur Teil im System des gestaltenden Geistes.

Abb. 25. Hans von Marées, Das goldene Zeitalter, München, Neue Pinakothek
(Verlag E. A. Seemann, Leipzig).

Als Gegenstände der Gestaltung der neuen Kunst des 19. Jahrhunderts erscheinen somit objektivierte Systeme der Weltanschauungen, die sich von den ererbten religiöshistorischen Lehren befreien, um anschaulich das Absolute und Elementare des schöpferischen Geistes in seinen verschiedenen Erscheinungsweisen rein zu erfassen. Wie die Dichtkunst das wissenschaftliche Denken von seinem äußerlichen Rationalismus befreite, so hat umgekehrt die Wissenschaft die Kunst vor seichter Weltweisheit und banaler Nachahmung der Wirklichkeit bewahrt. Daher hat kein Jahrhundert so viel ästhetische Theorie getrieben wie das 19.

Der in dieser Hinsicht bedeutungsvollste Schritt war die Proklamierung der Eigengesetzlichkeit der Kunst jenseits der realen Welt und die wissenschaftliche Umgrenzung der eigenen Kausalität ihres Organismus. „Was unterscheidet die Richtung des Geistes, welche auf Erzeugung der Kunstgebilde geht, von den anderen Richtungen des Geistes, welche Wissenschaft und Sittlichkeit hervorzubringen streben", frägt Kant. Die Frage beschäftigt das ganze Jahrhundert hindurch die Geister: Die Kunst hört auf, aus der Natur zu schöpfen, sie benutzt die Natur, um ihre eigenen Gebilde der der Natur gegenüberzustellen, schreibt Konrad Fiedler.

Die Kunst trat von Anfang an in unmittelbare Beziehung zu dem transzendentalen Denken der Zeit.

Die empirische Welt verlor dadurch immer mehr als objektive Gegebenheit unter Einfluß dieser Weltanschauung an Bedeutung, dafür trat die Frage nach den Beziehungen und der

Abb. 26. Henry Matisse, Die Musik, Moskau (Photogr. Druet. Paris)

Art der Abhängigkeit der Erscheinungsindividualität der einzelnen Gegenstände von dem
System des sich selbst entfaltenden künstlerischen Geistes in den Brennpunkt
des künstlerischen Interesses. Denn durch das transzendentale Denken erschien als das Wirk-
liche der räumlichen Welt nicht mehr ihre empirische Realität, sondern ihre durch unser
Denksystem im Kunstwerk realisierten menschlichen Bewußtseinsinhalte. Ist dies „System"
nur ein Mittel zur Ordnung der Inhalte, oder sind diese Inhalte nicht eben in der Ordnung
selbst gegeben, ordnet der Geist oder verwirklicht er sich in der Organik seiner Formen?
Ist in dem geordneten Zusammenhang der Erscheinungsmotive des Kunstwerkes das Objektive
unseres Denk- und Gestaltungsgesetzes zu erkennen, allein noch ohne Rücksicht auf die
empirische Wirklichkeit, kraft dessen wir auch noch in logischer und anschaulicher Hinsicht nach
wahr und falsch be- und verurteilen oder stellen die formalen Beziehungen eine der vielen
durch die individuelle Einheitlichkeit des subjektiven Bewußtseins bedingten und daher unendlich variablen Beziehungsmöglichkeiten unserer Vorstellungen von den Gegenständen dar, deren
geistige Inhalte nur innerhalb ihrer eigenen Kausalität begriffen werden können. Daher steht auch
in der Kunst der jüngsten Zeit ein rationaler und formalistischer Idealismus (Abb. 25),
das Erbteil der Renaissance (H. v. Marées, Adolf Hildebrand sind seine stärksten Vertreter) der
Ideologie eines künstlerischen Geistes gegenüber, der in der Individualität der transzendentalen
künstlerischen Einheitsform die Möglichkeit der sinnlichen Wiedergabe eines rein geistigen
Inhaltes selbst jenseits aller Gegenstands- und Raumwirklichkeit (Abb. 26) als Erbteil der nordischen Kunst und ihrer höchsten Leistung im Mittelalter erkennt. Ist das,

was dem Rationalismus des Denkens widerspricht und nicht als bildhafte Organik erscheint, allogisch, und daher ungeistiger stofflicher Natur, eine bloße Summe von Gegenstandsbildern oder ist nicht die Folge der Idealität der Gegenstände und ihrer anschaulichen Organik, daß irrationale Bewußtseinsinhalte auch eine irrationale Bildorganik (Abb. 27) zwecks künstlerischer Verwirklichung bedingen (Kreis des sogen. „Blauen Reiters"). Wie ist es möglich, rein Geistiges zu versinnlichen, ohne es im Gegenstande oder einer Handlung zu materialisieren und verstofflichen? Wo liegt die Erkenntnis und Urteilsmöglichkeit, wenn das vernünftige Denken und die empirische Wirklichkeit als Grundlage des Urteils ausgeschaltet wird? Das sind die wichtigsten und für das Verständnis der Kunst des 20. Jahrhunderts grundlegenden künstlerischen Probleme.

Die Romantik hat diese Probleme zuerst aufgegriffen. Ihr Bildsystem ist nicht rationaler, sondern irrationaler Natur, sie faßt den Gedanken der Bestimmtheit der Erscheinung der Gegenstände durch die im Bildsystem verwirklichten künst-

Abb. 27. Pablo Picasso, Mann mit Klarinette
(Phot. Kahnweiler, Paris).

lerischen Bewußtseinsinhalte nicht nur ästhetisch, sondern auch sittlich auf. Das Bildsystem ist weder ein bloß regulatives Prinzip, noch ein absolutes und allgemeingültiges ästhetisches Gesetz wie für den Klassizismus, sondern formaler Ausdruck der Individualität eines (geistigen) Inhaltes.

Die Beziehungen von Form und Inhalt sind die wichtigsten im künstlerischen Schaffen der neueren Zeit.

„Es ist etwas unbekanntes Gesetzliches im Subjekt, welches dem unbekannt Gesetzlichen im Objekt entspricht", sagt Goethe, indem er sich selbst hier zum Romantiker macht. In dem rationalisierten System der vernünftigen Beziehungen der Dinge unter sich findet der Klassizismus am Anfang des Jahrhunderts das Absolute im Grundgesetz der Einheitlichkeit endlichen und unpersönlichsten Daseins. In der Individualität und Irrationalität dieser Beziehungen entdeckt der Romantiker das Absolute im schöpferischen Ich des Künstlers. Der klassische Dichter, sagt Schlegel, gehe im Stoffe auf, der romantische schwebt als souveräne Persönlichkeit über ihm, er vernichtet den Stoff durch die Form. In ihr realisiert sich das „Ich".

Bei Beginn des 20. Jahrhunderts treten diese Gegensätze vom Anfang des 19. Jahrhunderts noch einmal mit aller Schärfe sich gegenüber, nur befreit von allem Material der historischen

Abb. 28. Paul Cézanne. Weiblicher Akt
(nach Hausenstein „Der nackte Mensch", Verlag R. Piper & Co.).

Überlieferung. Das künstlerische Ich wird zum Diener des ewigen Gesetzes, das in alles Organik des Sinnlichen verkörpert. Der Gegenstand der künstlerischen Gestaltung heißt das ewige Lebensgesetz.

„Der Künstler muß etwas zu sagen haben, da nicht die Beherrschung der Form seine Aufgabe ist, sondern das Anpassen dieser Form dem Inhalte." Es ist notwendig, daß der Künstler „sich nicht als Herr der Sache betrachtet, sondern als Diener höherer Zwecke, dessen Pflichten präzis, groß und heilig sind" (Kandinsky). Die Form ist uns Geheimnis, weil sie Ausdruck von geheimen Kräften ist. Nur durch sie ahnen wir die geheimen Kräfte, den „unsichtbaren Gott". Die Sinne sind uns die Brücke vom Unfaßbaren zum Faßbaren

Abb. 29.   Hodler, Weiblicher Akt (Phot. R. Piper & Co.).

(August Macke). Daneben die radikale Verwirklichung der subjektiven künstlerischen Anschauung. Ihr Gegenstand heißt: das Lebensgesetz und das Individuum. Die Isolierung des Geistes, die von der Form herrührte, durch die ich ging, hörte auf und ich vereinige mich mit allem. Ich begann es vor kurzem zu fühlen, daß, wenn ich sterbe, ich durchaus nicht sterbe, sondern in allem leben werde", sagt Tolstoi. „Allein die Individualität des Subjektes läßt sie doch zu einem einheitlichen Bilde zusammengehen: wie der Stimmenklang eines Menschen derselbe unverwechselbare bleibt, wie Wechselndes er auch spreche, so bleibt eine Grundfärbung, ein Grundrhythmus, ein Grundverhältnis für all das, was dieses Leben je erlebt, ein gleichsam apriorisches Formgesetz seines Tuns und Leidens, das das Zuendesein jedes einzelnen Inhaltes überlebt und als Individualität des Ganzen sich auf den nächsten überträgt." (Simmel.)

Aber bei allem künstlerischen Theoretisieren hat doch die ästhetische „Abstraktion" eine geringere Bedeutung als man glaubt. Schon das Stofflich-Substantielle spielt eine wichtigere Rolle. Erdenschwere überall. Man könnte hier etwas von dem naturwissenschaftlichen-historischen Geist finden und sagen, es seien die Wachstumsenergien, jene Energetik des Lebens, die in der formgewordenen Substanz alles Körperlichen sich ausdrückt und ihre Wachstumsgeschichte jenseits aller Handlung erkennen läßt. Diese Biogenesis aller lebendigen Substanz ist bei aller Verschiedenheit des Inhaltes vielleicht das bedeutungsvollste Charakteristikum der gesamten modernen Kunst. Das Dasein verliert da geradezu jene bloße Zuständlichkeit des Fürsichseins und wird hineingezogen in die Lebenseinheit eines absoluten Werdens, das bald vom heimlichen Sturm (Abb. 29), von der ruhigen Kontinuität des Wachstums (Abb. 28), bald von der geisterhaften Vergewaltigung (Abb. 15) oder von der Brutalität des Schicksals, bald von der ruhigen Immanenz der in sich kreisenden Lebensenergetik, bald von der explosiven starken Willenskraft erzählt (Abb. 14), aber immer innerhalb dieses heraklitischen Prozesses des Fließens und Geschehens durch den das „Geschehen", das bloß Augenblickliche durch die künstlerische Form verliert und ge-

wissermaßen nur als Moment eines gesetzlichen Wachstumsverlaufs mit einer
bestimmten Vergangenheit und Zukunft
sich darstellt.

Die Bewegung der Körper liegt
deshalb in den Kunstwerken der großen Zeit nicht mehr in dem Akt der
Handlung oder Pose, sondern in der
von ihr oft unabhängigen Erscheinungsform des Körpers, als solche ist sie zugleich Eigenschaft seiner Substanz und
erklärender Sinn seines Daseins, Geschichte seines Lebensprozesses (ev. gemeinsam mit der Gebärde, Abb. 29). Auf
diese Weise verlieren die Inhalte unseres praktisch alltäglichen Lebens ihre
zielsetzende Bedeutung für die Kunst
gegenüber jenem ideellen Prozeß des wirkenden
schöpferischen Geistes und der Ding- oder Sachbe-
griff erhielt so einen neuen Inhalt durch die Form.
Damit ist aber nicht gesagt, daß der Wert des
modernen Kunstwerks in der rationalen Logik
seiner formalen Struktur läge, sondern nur, daß die
„Form" bewußter Träger des künstlerischen Geistes
ist, der dem Gegenstand einen transzendentalen Inhalt gibt (Abb. 30 u. 31). Es kommt durchaus auf
diesen Inhalt des Gegenstandes an. Nur darf der
Inhalt eben nicht innerhalb der empirischen Wirklichkeit allein gesucht werden. Nicht die Daseins-
totalität eines Gegenstandes in der abgeklärten
Struktur künstlerischer Verwirklichung verherrlicht
die moderne Kunst, sondern jene sozialen und kosmischen Lebensströmungen, deren Gesetzlichkeit
sich in der Erscheinungsindividualität eines körper-
lich-räumlichen Gegenstandes realisiert. Deshalb
ist die moderne Kunst so häufig und so gerne eine
Art Metaphysik des Physischen, für die die Ein-
zelinhalte Mensch oder Tier usw. das Unterschied-
liche ihres Wesens in der Bildeinheit und ihrem
geistigen Gehalte verlieren. Das sog. Charakteristische sucht daher die moderne Kunst gar nicht

Abb. 30. Fr. Marc, Tiger (aus „Sturm").

Abb 31. Fr. Marc, Rehe (aus „Sturm").

ihres Individualinhaltes wegen, sondern deshalb, weil hier in den Formenmotiven jene allgemeine Lebensmetamorphose am reichsten und intensivsten sich ausdrücken läßt. Deshalb
auch die Vorliebe für das Verfallende, „Häßliche, das halbfertige Primitive". Es fällt die
Spaltung vom Seelischen und Körperlichen, denn alles liegt in dem formalen System der

Abb. 32. Hodler, Abend (Phot. R. Piper & Co.).

künstlerischen Organisation. Außerhalb der Formenstruktur des Bildes
gibt es keine Inhalte. Der Gegenstand im Bilde erhielt seine ideelle
Bedeutung erst als Teil der Bildganzheit. In ihr verwirklicht sich
jene soziale Naturgeistigkeit, die keine
Rücksicht auf die empirische Verständlichkeit oder Klarheit des einzelnen nimmt, keine allgemeinen Normen mehr anerkennt, sondern nur die
schöpferische und unerschöpfliche
Freiheit des gesetzlichen Geistes verehrt, ohne Rücksicht auf die Vergleichbarkeit seiner Produkte mit der
bloß körperlichen Welt. In der formalen Einzigartigkeit der Bildgesetzlichkeit liegt allein freilich nicht der
Wert des modernen Bildes, sondern
in den besonderen, an die Individualität des Gegenstandes gebundenen Inhalten der sich hier aussprechenden künstlerischen Intelligenz.
Es lag in der Natur der Sache, daß
man von der Bewertung und Bewunderung der Geschicklichkeit des
künstlerischen Geistes erst allmählich
zum Inhalt dieses Geistigen sich

durchrang und dann die Kunst zu einer Art Religion der erlebenden Intelligenz machte.

Der Anfang wurde gemacht, als Kant und Schiller, Goethe und Spinoza sich die Hand reichten. Es bildet sich in der Kunst die Religion des freien Geistes. Deshalb ist am Ende des Jahrhunderts wie am Anfang die Kunst dem des Mittelalters so nahe gerückt, nur ist die Formgesetzlichkeit von ihrem spezifisch kirchlichen Inhalte befreit worden. Hierin ist das weltgeschichtlich bedeutsamste Ergebnis der kulturellen Entwicklung des 19. und 20. Jahrhunderts zu sehen: Die Erweiterung der menschlich-sozialen Gemeinschaftsidee zu einer Idee von der Gemeinschaft alles Lebendigen und seine Bestimmtheit durch das Wesen des Absoluten selbst. „Wir wissen und empfinden es in gewissen Momenten, daß das, was uns Menschen eint, stärker ist, als das, was uns trennt", sagt Hodler. Die Gottesidee wird, losgelöst von der Personifikation, zum Naturerlebnis des schöpferischen Geistes des Subjektes. Spinoza und Goethe stehen hier vermittelnd zwischen den Großen des Mittelalters und denen der Gegenwart, Hodler und Cézanne.

Von dem Geiste der Natur ist das 19. Jahrhundert zur Natur des Geistigen fortgeschritten.

Die wirkende Kraft des Geistigen sucht die neue Zeit nicht mehr im Sonnenglanz des Genies und seiner herrschsüchtigen Gewalt, sondern in der Naturgesetzlichkeit des Geistigen.

Das Geistige soll nicht mehr der unterscheidende Besitz des Menschen im Gegensatz zur Natur sein, sondern die schöpferische Gesetzlichkeit, die in jedem Naturorganismus sich findet. Die Vorstellung vom geistigen Sonderdasein des Menschlichen verliert sich in jene elementare Organik, die als Resultat einer höchst disziplinierten Intelligenz alles Einzelne nach Form und Wesen bestimmt, Ursache seiner Individualität ist. Darin unterscheidet sich diese Kunst von allen vorangegangenen Stilen — dem Rembrandts, ihres größten Ahnen ausgenommen dem der Begriff des Ewigen nicht die steinerne Ruhe zeitloser Schönheit sondern ein dramatisiertes Werden ist, das sich loslöst von dem persönlichen Willen wie den kausal verbundenen Reihen eines rational verfolgbaren geschichtlichen Verlaufes und der das Individuelle ebenso herauswachsen läßt aus jenem Kosmos der Energien wie aus einem Meer des Lebens, das sich im Körperlichen nur vorübergehend zur schöpferischen Tat verdichtet. Daher erhält der Mensch und das Menschliche in dieser Organik der Weltanschauung einen andern Platz. Seit Kopernikus den Glauben der Menschheit an ihre zentrale Stellung in dem Bau der Schöpfung und damit auch das hierarchische System religiöser Ordnung der Menschheitsgemeinschaft zerstört hatte, verloren die theokratischen Ideen ihre werbende und zeugende Kraft und machten dem Gedanken einer Weltvernunft Platz, als deren Geschöpf sich der Mensch des 18. Jahrhunderts fühlte. Das 19. Jahrhundert hat das Verhältnis von Welt und Mensch gewissermaßen umgekehrt, indem er an Stelle des allmächtigen Naturgesetzes das Gesetz des schöpferischen Geistes zum Gegenstand des Denkens und Gestaltens machte. In dieser Naturgesetzlichkeit des Geistigen hat das Menschliche nur eine sekundäre Bedeutung.

Die negative Rolle des Menschen erlangt je nach den einzelnen Phasen der Entwicklung eine wechselnde Ausdeutung. Der Klassizismus machte ihn zum Hauptträger des künstlerischen Ideemodells. Die Impressionisten dagegen ohne Rücksicht auf die Kausalität der „Handlung" zum vegetierenden geistlosen Geschöpf, das in der materiellen Pracht gewaltiger, welterfüllender Lebenskräfte sich verliert, oder auf dem stillen und doch starken Gewoge der Unendlichkeit in blödem Schweigen verharrt, wunschlos, willenlos, schicksallos, wie das Ewige selbst (Abb. 26). Aber auch da, wo das hohe Lied von der stolzen Schönheit und der begnadeten Seele des Menschengeschlechtes noch weiter klingt (Abb. 32), verliert der Mensch die Eigenwilligkeit seines persönlichen Geistes und nimmt die bescheidene Feierlichkeit des Priesters an, den ein höheres Gebot auf den majestätischen Bahnen wellender Ewigkeit wandeln heißt, oder wird schon am Anfang des Jahrhunderts bei Ph. O. Runge zum Teil eines kosmischen Baues, in dem das Naturereignis als Wunder und Gesetz zugleich sich vollzieht (Taf. I). Aus dieser rationalen Logik des Naturgeschehens hat dann die jüngste Zeit unter völliger Ausschaltung der menschlichen Gestalt den dunklen Zauber des absoluten Geistes, die rätselvolle Sprache der Ewigkeit rein in der wunderreichen Erscheinung einer Räumlichkeit zu gewinnen versucht, wo jede Form zum Ereignis und jedes Ereignis zum ewigen Zustand wird (Abb. 16).

Aber diese Weiterentwicklung des naturwissenschaftlichen Geistes zeigt kulturell auch ihre Kehrseite. Der universelle Geist der Naturwissenschaft hat die Kultur Europas langsam auf eine neue Grundlage gestellt.

Das menschliche Wissen wurde zur unwiderstehlichen Macht, die die kühnsten Träume der Menschheit durch eine soziale Disziplinierung aller geistigen Kräfte zu verwirklichen wußte. Natur und Arbeit war zur Pflicht und zum Rechte zugleich geworden. Der großen Systematisierung der geistigen Kräfte im Mittelalter setzte daher die Neuzeit die beispiellose Organisation des praktischen Intellektes entgegen und ordnete und sammelte alle Energien in einer Zivilisation, die als System der Arbeit selbst zum Kunstwerk des Gedankens wurde, und turmhoch über alle praktischen Leistungen der Menschheitsgeschichte sich erhob. Was wirkte, mußte im ganzen wirken und vom einzelnen strömte das Leben in tausendfachen Verästelungen leitend und geleitet hinaus und von da wieder an seinen Ausgangspunkt zurück. Der Einzelne erhielt, verkettet diesem selbstherrlich auftretenden zivilisatorischen Ganzen, neue Lebensformen und einen neuen Lebensinhalt.

Die moderne Menschheit trägt stolz die Krone ihres selbstherrlichen Geistes in dem, was sie Zivilisation nennt, als adelndes Zeichen ihres ungeheuren Machtbesitzes. Aber die Kette, die ihren Willen und ihr Denken knebelt, die „Gesellschaft", ist aus demselben Stoffe geschmiedet. Die Zeit hat sich die Erde unterworfen und doch nährte sie sich als Bettlerin so lange von den Brosamen vergangener Kulturen und sieht voll heimlicher Bewunderung heute selbst hinüber nach dem Leben der Wilden wie nach dem verlorenen Paradiese der Natürlichkeit. Dieser Geist war fast bei allen Epigonen der Renaissance lebendig und fand schon bei Beginn der neuen Zeit seine Vorkämpfer in Rousseau wie auch in Schiller, der das zwiespältige Wesen moderner Kultur als Ästhet empfand und das Denken des primitiven „naiven" Menschen dem des „sentimentalen" Menschen moderner Kultur gegenüberstellte. Natur und Vernunft, Denken und Sein bleiben in der Vorstellung des naiven Menschen eins. Der moderne Mensch der Zivilisation aber hat durch die Objektivation seines Bewußtseins diese paradiesische Einheit verloren. Sie ist zum Inhalt und Problem seines Denkens geworden. Dieser „Inhalt" ist eine Art geistiges Band für die Großen des Jahrhunderts diesseits wie jenseits des Rheins. In diesem Inhalt berühren sich so heterogene Kunstweisen, wie die Böcklins und Feuerbachs und Cézannes. Nur ist der Gedanke bei Feuerbach mehr in der Handlung rationalisiert, bei Cézanne Eigenschaft, geistiger Inhalt der „Form" (Abb. 33).

Die Idee der Menschheitsgemeinschaft stößt sich aber an den negativen Seiten der modernen Zivilisation, von Anfang an. Sie schafft den folgenreichsten Zwiespalt zwischen den Forderungen einer praktischen Lebensgemeinschaft mit ihren Nützlichkeitszielen und dem unberechenbaren Walten der seelischen Natur, indem sie trotz der äußeren Einheit der Lebensformen eine tragische Spannung in den inneren Menschen durch die Aufhebung der natürlichen Einheit seines intellektuellen und moralischen Bewußtseins bringt. Diese so entstehende Feindschaft den natürlichen Dingen der Außenwelt gegenüber wird in dem Augenblick am bittersten empfunden, wo der praktische Intellekt des Forschers im Systembau der Wissenschaft sich als Herrscher der Naturkräfte fühlt. Der Seufzer nach der unverstellten Tugend der menschlichen Seele ist nach dem Vorgange Rousseaus keine bloß sentimentale Gebärde des Zeitgeistes gewesen. Er greift dem wichtigsten künstlerischen Problem ans Herz: Faust war der Held der Zeit.

Die negativen Seiten moderner Zivilisation haben das ganze Jahrhundert hindurch in sich steigerndem Maße das philosophische wie künstlerische Interesse beschäftigt. Aus ihnen entwuchs Beardsleys grausam fürchterlicher Kulturpessimismus (Abb. 34). Sein mephistophelischer Intellekt ummantelt sich mit zartester Empfindsamkeit und schmeichlerischer Glätte, um mit zynischem Spott die verschleierte Roheit, die bestialischen Begierden, die infernalische, grauenhafte, verschlagene Wollust eines aristokratischen Verbrechertums, kurz die Mißgestalt der „Natur" im glänzenden, gleisnerischen Gewande der Zivilisation zu enthüllen. Beardsley sieht den Geist, der stets verneint. Er gibt vor, von dunkler Märchenpracht, vom süßen Träumen zu reden und predigt doch von der verlogenen Schönheit und dem eiskalten Egoismus der Wirklichkeit, in der der Intellekt alle Instinkte und animalischen Triebe nicht etwa läutert und veredelt, sondern nur in das Gewand der Anmut, ja Unschuld kleidet, um mit katzenartiger Geschicklichkeit und teuflischer Bosheit sich seine Opfer zu holen. Der Intellekt wird da zum ergebenen Diener der dämonischen Kräfte der Natur, die im glimmenden Feuer heimlicher Wildheit fürchterliche Rache nimmt an den ihr entfremdeten Kindern der Schöpfung. Weich, süßschmeichlerisch bietet sie verheißungsvoll ihre Freuden dar und führt lächelnd in

Abb. 33. Cézanne, Frauen, Paris, Sammlung Pellerin (Phot. Druet, Paris).

Hölle und Tod. In dieser Maskerade und Narretei des Lebens verhöhnt der Intellekt sich selbst. In einer Art sadistischer Selbstpeinigung legt er hohnlächelnd die Finger in die eitrigen Wunden des von ihm erschaffenen Lebens, verneint und zeigt das hohle Nichts, den Tod. Die Zivilisation ist der Tod.

Ein anderer, Munch, hat das nach seiner Weise gesagt. Die Erkenntnis vom Tode des Lebendigen bildet hier das künstlerische Motiv.

Das Drama des Daseins ist ihm die durch die Zivilisation gezogene Grenze des Lebens, die die Natur im Menschen hat sterben lassen, ihn hilflos, stumm und dumm vor die Gruft seiner Menschlichkeit stellt und ihn plötzlich zum Priester jenes Unbekannten werden läßt, das unsichtbar im Sichtbaren wirkt. Die Natur ist zum Gespenst geworden, umschattet von Schrecken und Schauer und doch Leben, dunkeläugig düster, starr, stark, eine Macht, der noch der Inhalt fehlt, aber das Zeitlose, Ewige selbst ist ein Leben jenseits des Todes und doch diesseitige mystische Wirklichkeit, nicht Ereignis, sondern abgründiger Zustand, das Geheimnis alles Körperlichen, seine mystisch-schreckhafte Lebensgemeinschaft, die uns furchtbar ist, da sie den Tod unserer praktischen Lebensexistenz bedeutet, die schauerliche Bestimmtheit durch ein ungewisses Los, das uns zu unserer beschränkten Menschlichkeit wie zu einer stillen Andacht ruft (Abb. 35).

In den verschiedensten Formen beschäftigen diese Probleme die Kunst. Feuerbach befreit sich von ihrer Last durch die weltschmerzliche Klage, und Gauguin verherrlicht im orgiastischen Traume die vom

Abb. 34. Beardsley, Zeichnung aus Esswein-
Beardsley (Verlag R. Piper & Co.).

Intellekt erlöste freie, ziellos vegetative Lebensgemeinschaft der Wilden. Bei Girieud suchen diese
Ideen im Charakter der Form sich zu verwirklichen
(Abb. 36). Im wesentlichen sind diese Kulturideen
hier freilich in einem ästhetischen Programm
verengert mit vorwiegend verneinenden, dort be-
jahenden Inhalten.

Die Kultur sieht in der Zivilisation
ihren Todfeind, da deren äußere Macht in
umgekehrtem Verhältnis zu ihrem inneren
Werte zu stehen scheint eine nur praktische Lebensformel, die äußere Grenze
des Lebens, nicht innere Struktur ist.
Denn sie gebietet den Rechten der Natur,
beherrscht ihre Triebe und verhüllt ihre lodernde Lebendigkeit durch das regulative System gesellschaft-
licher Konventionen. Mit der Würde eines moralischen Prinzipes maskiert sie ihren brutalen Machtanspruch, der als Dogma rechthaberischen praktischen
Intellektes das Unberechenbare der Seele ins Schatten-
reich der Sünde so leicht verweist. Was aber die Zivilisation meistert, sucht die Kultur zu besitzen. Daher
in dem Augenblicke der höchsten Erfolge der Zivilisation das stärkste Bedürfnis nach Gemeinschaft mit dem
Leben. Das Leben war niemals so sehr objektivierter
Gegenstand praktischer Forschung und doch fühlte man
sich ihm niemals ferner, als da man seine Kräfte prak-
tisch zu bezwingen verstand. Deshalb erhält der Naturbegriff der modernen Zeit einen sozial-
ethischen Inhalt, den sie der Selbstherrlichkeit des Intellektes entgegensetzt. Er-
schreckt vor der Brutalität ihres nackten Rationalismus, wirft sie die Frage nach der natürlichen
inneren Einheit des Menschen auf, nach der geistigen Fruchtbarkeit der bestehenden Lebensordnung für den inneren Menschen.

Lange schwebt der Zeit ein stolzes Vollkommenheitsideal des praktischen Intellektes
vor Augen, das die Quelle der modernen Kultur zu werden berufen schien. Schiller machte
sich zum Wortführer einer Richtung, die durch die Bildung das Leben selbst zum Kunstwerk machen wollte.

Es war ein recht zivilisatorischer Gedanke, aus der Kenntnis und dem Wissen von der
Vergangenheit eine Stärkung und Veredelung der kulturellen Kräfte der Gegenwart zu gewinnen. Die heilbringenden Apostel, die auf die Lehren der „Geschichte" hingewiesen und so
viele unserer Besten zu rückwärts schauenden Propheten gemacht haben, wollten besonders in
Deutschland das ganze Jahrhundert nicht verstummen. Die Götter und Götzen sind dabei ebenso
rasch entthront worden, wie sie gekrönt worden waren. Am Anfang herrschte die Göttin der Schönheit und glich einem lichten Gotte, der in säulengeschmückten Tempeln und zartbewegten Gestalten
wohnte, dann verschwand sie in den nebelhaften Sphären des Irrationalen, das in der „naiven"
Kunst jugendlicher Zeitalter von dem Rätselhaften des Daseins erzählte und in dem wunderlichen
Formenwechsel oder der himmelstürmenden Leidenschaft heimatlicher Kunst phantastische

Abb. 35. Munch, Frauenporträt (Photogr. R. Piper & Co.).

Gestalt gewann. Dann wurde sie zu einem vielköpfigen Götzen, zu dem der Philister und eitle Gelehrte betete, eine blöde Schranke, die jene enge Welt umgrenzte, in der sich der harmlose Alltag von billiger Schulweisheit spazieren führen ließ. Schließlich ein verschimmeltes altes Etwas, das den Sonnenglanz der Jugend nicht vertrug und in seiner langweiligen Eindeutigkeit neben der wilddramatischen Zerrissenheit der Wirklichkeit mit den fliegenden Pulsen ihres Lebens an werbender Kraft und Interesse verlor.

Abb. 36. Girieud, Lesbos (nach Hausenstein „Der nackte Mensch“, Verlag R. Piper & Co.).

Dieser historische Geist richtete zusammen mit den rationalistischen Systemen der Kunsttheorien ein imponierendes Gebäude des Wissens auf, in dem die Zeiten und Menschen, die allgemeinen und besonderen Wahrheiten in einem kunstvollen System verwahrt wurden und die tüchtige Gelehrsamkeit des Schülers, so sehr viel mehr als die Unberechenbarkeit des Genies galt, von der tollen Intuition der Jugend nicht zu reden, die sich vergeblich nach Platz und Duldung hier umgesehen hatte. Deshalb wurde das Wissen von dem, was war, bald der Feind dessen, was ist.

Auf dieser Grundlage wurden die dogmatisch-rationalistischen Kunstanschauungen geboren, die das geistige und künstlerische Leben des Menschen als ein Produkt der geschichtlichen Überlieferung ansahen. Für sie kommt alles Heil aus der Kenntnis und den Lehren der Vergangenheit. Die Wissenden, die Gebildeten, wurden so vielfach zu einer falschen Aristokratie des Geistes, die als Führerin der Kultur sich berufen fühlte.

Diese durch die Zivilisation geschaffene Kultur des Intellektes hat die offizielle Kunst der konservativ-gebildeten Kreise geschaffen, die auf den Errungenschaften der Vergangenheit ein eklektizistisches Ideal sich formen wollte, um es sozial nutzbar zu machen. Das stoffliche Wissen und das artistische Können wurde für sie zum Maßstab des Urteils.

Der Gegensatz von freier und offizieller Kunst gibt der Kunstgeschichte des 19. Jahrhunderts ihr charakteristisches Gesicht. Hier der fröhliche Sinn des jugendlichen Stürmers, der mit einem genialen Radikalismus den Kerngedanken neu sich bildender Ideenwelten kühn aufgreift, ohne Rücksicht auf den problematischen Charakter ihres Wesens, dort die leicht ins phrasenhaft Pathetische oder ins Hagestolzsteife verfallende Selbstgefälligkeit des Kundigen und das Machtbewußtsein eines gefestigten Wissens, das in sich das geheiligte

Erbe der Väter und das wahrhaft „gesunde"
und richtige Denken und Anschauen verteidi-
gen zu müssen glaubt. In dieser Sphäre reichen sich die bornierte Beschränktheit des Bil-
dungsphilisters und der materialistische Intellektualismus des Weltbürgers moderner Zivilisation so häufig die Hand.

Da hier das Stofflich-Rationale den Ton
angibt, so ist in den extremsten Leistungen
dieser Richtung die Form nur zu einem kon-
struktiven Prinzip erniedrigt, das in der
gegenständlichen Realität des Stoffes und des Stofflichen ohne bildhafte Bedeutung verschwindet¹). Das
gilt auch z. T. für diejenigen Künstler, die sich
scheinbar in den hohen Sphären kosmischer
Regionen bewegen wie Klinger und Rodin.
Der Gedanke der Schöpfung (Abb. 37) ist nicht
bildhafter sondern gegenständlicher Natur. Die struktiv lose Form des Blockes geht
materiell in die Organik der Hand über,
deshalb wächst dieselbe nicht aus dem den
Kosmos symbolisierenden Stein, hat keine Bild-
beziehung zu ihm.

Abb. 37. Rodin, Die Hand Gottes (Phot. Stoedtner).

Aber auch der künstlerische Gegenpol
dieser Anschauung, der Ästhetizismus, ist
diesem Boden entstiegen, einer der wichtigsten, wenn nicht der wichtigste Faktor für den Stil
des 19. Jahrhunderts. Der Ästhetizismus, der den Wert des Kunstwerkes in seiner spezifisch
künstlerischen Vernunft erblickt, ist durchaus ein Kind des modernen Intellektualismus, auch
da wo er „romantisch" durchsetzt erscheint und daher realistischer Natur. Denn sein Kampf
gegen die Materialität der gegenständlichen Wirklichkeit führt wohl zu einer völligen Ent-
wertung der empirischen Welt und ihrer Inhalte, dafür baut man das künstlerische Denken
auf der Wissenschaft des Künstlers auf.

Es ist geradezu ein Charakteristikum des Stiles des 19. Jahrhunderts, daß das subjektivistische künstlerische Denken in mehr oder minder rigoroser Weise gegenüber der bloßen
Gegenstandserscheinung bewußt seine Verwirklichung durchsetzt. Aber die Rechnung will das
ganze 19. Jahrhundert hindurch nicht aufgehen. Mit einer gewissen Eindringlichkeit spricht
im Kunstwerk der Gegensatz von dem Ichbewußtsein des Schöpfers in der künstlerischen
Gestaltung gegenüber dem der stofflichen Wirklichkeit des Objektes sich überall aus. Dieser
latente Gegensatz ist eine Art Stilelement der Zeit. Die Freiheit des künstlerischen Gedankens
will der stofflichen Eindeutigkeit des Objekts das adelnde Lebenszeichen des persönlichen
Geistes verleihen, aber endet dabei doch zumeist nur in einer künstlerischen Spezialisierung
der banalen Wirklichkeit. Beispiel Corinth (Abb. 38): Die beweglichen Linien und
Silhouetten sind doch nur eine künstlerische Beigabe, die neben den die stoffliche Realität
des Fleischlichen charakterisierenden Motiven bestehen. Bei Hodler (Abb. 29) ist die Meta-

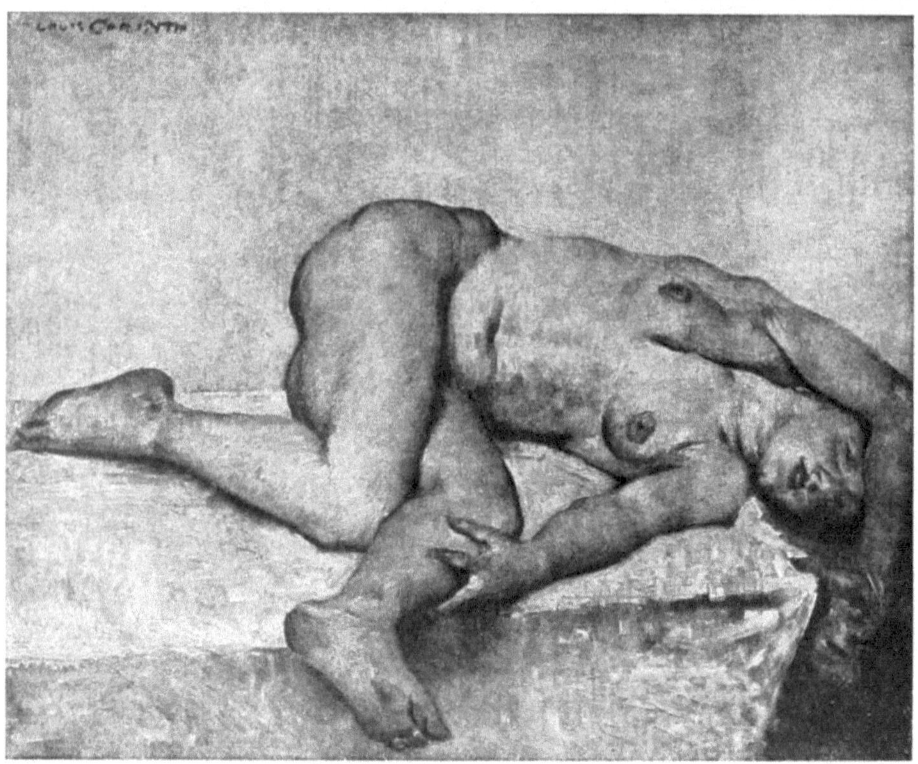

Abb. 38. Louis Corinth, Aktstudie (nach Hausenstein „Der nackte Mensch", Verlag R. Piper & Co., München).

morphose **dieser** Linien künstlerischer Inhalt der ganzen Gestalt, Gebärde ihres Lebens. — Dieser Ästhetizismus leitet auch dort die künstlerische Vorstellung, wo wie etwa bei Gauguin (Abb. 39) aller Stofflichkeit im Sinne einer höheren Wirklichkeit bei der Gestaltung entgegengearbeitet wird. Denn die ethische Idee der urwüchsigen Größe und adelnder Reinheit wird hier durch den ästhetischen Charakter der Gegenstände nicht durch den Geist der Bildorganik verwirklicht. Wie klein erscheint das „Bild" gegenüber der Gestalt. Bei Cézanne (vgl. Abb. 33) ist es die Majestät des gesamten Bildraumes in der hehren Strenge seines Aufbaues, die das Geistige der Idee im System der anschaulichen Verwirklichung zum starken Erlebnis werden läßt. Doch sind das nur Beispiele für viele. In diese Gattung der ästhetisierenden Künstler gehört der größere Teil der Van-Goghianer und Mitläufer des Kubismus, da sie aus einer idealen Bildgesetzlichkeit nur eine ästhetische Formel für die Auslegung der Wirklichkeit machen.

Was somit den Stil des 19. und 20. Jahrhunderts — von den eklektistischen Richtungen des einen Teiles der sogenannten offiziellen Kunst abgesehen — auszeichnet, ist das Programmatische und Problematische seines Charakters. Daher auch die überlegte Sparsamkeit, die berechnete Ökonomie in den Gestaltungsmitteln, die rigorose Durchführung des künst-

Abb. 39. Gauguin, Mädchen aus Tahiti (nach Hausenstein „Der nackte Mensch", Verlag R. Piper & Co., München).

lerischen Inhaltes, der hier den unfaßbaren Reichtum des vielgliederigen Lebens mit einem Minimum an Formenaufwand in Erscheinung treten läßt, dort die einfachste, elementare Formel für die subjektive künstlerische Absicht am Gegenstand der Darstellung zur Durchführung bringt; die künstlerische Formel ist alles (Abb. 40). Und doch sind es keine ästhetischen „Abstraktionen", die hier die Grundlage des künstlerischen Schaffens bilden.

' Die geistige Gleichgültigkeit des Gegenstandes der Darstellung erniedrigt in der impressionistischen Kunst die Wirklichkeit zur recht- und machtlosen Substanz, aber sie bleibt doch durch dies Substanzielle gebunden an die körperliche Grenze des empirischen Daseins. Gegenüber diesem Realismus im Denken, dem es nur auf die Verwirklichung einer Formgesetzlichkeit allein, das Erbteil des akademischen Spezialistentums der Renaissance, ankommt, ist besonders in neuerer Zeit der spirituelle Charakter und die Irrationalität dieser Formgesetzlichkeit betont worden (vergl. Abb. 25 u. 16 mit Abb. 26). Von der Eigenschaft des künstlerischen

Geistes kam man zur geistigen Eigenschaft des Gegenstandes (vergl. Abb. 30 u. 31);
die Formgesetzlichkeit wurde künstlerisches Charakterisierungsmittel für das objektive Leben
der Dinge, ihren Willen, ihre Seele, ihr Geschick. Hierin reichen sich Delacroix und Rodin,
Cézanne, Hodler und die jüngeren Künstler die Hand. Es war der Übergang vom Realismus
zum Idealismus im künstlerischen Denken. Damit kennzeichnet sich auch die entscheidende
Wendung in der Entwicklungsgeschichte der neueren Kunst: sie wurde auf einen metaphysischen Inhalt gestellt, vom Wesen des Gestaltens schritt sie vor zum Wesen der Gestalten, vom Erkennen zum Bekennen, vom Wissen zur Erfindung, von der bloßen Beobachtung
zur Intuition. Die Kunst wird Trägerin einer religiösen Welterkenntnis.

Als wichtigste Leitsätze für das Verständnis der Kunst des 19. und 20. Jahrhunderts
ergeben sich mithin:

Das 19. Jahrhundert hat Gegenstand und Prinzip der künstlerischen Gestaltung abhängig gemacht von einer kritizistischen Vorstellung vom Wesen
der Kunst.

Das Wesen der Kunst und ihre Entwicklung erklärt sich durch das Wesen unserer Erkenntnis. Das Wesen dieser Erkenntnis wird bald rational als bloß praktische Ordnung der
empirischen Welt, bald transzendental durch die Formen unseres vorstellenden Bewußtseins,
mit materialistischen oder idealistischen Inhalten, erklärt. Das Problem der künstlerischen
Einheit wird zu einem Problem einer mit den anschaulichen Materialien unserer Vorstellung
arbeitenden Erkenntnistheorie. Auch der Gegenstand der Darstellung behandelt
somit Probleme der Erkenntnistheorie, d. h. der Weltanschauung und wird somit problematischer Natur.

Es entstand die Frage, ob die Grenze der begrifflichen gegenüber der künstlerischen
Vorstellungstätigkeit nur im Material des künstlerischen Denkens oder auch im Denk-
prinzip liege, nachdem Kant und Schiller in der künstlerischen Gestaltung der ästhetischen
Funktion das System der Vernunft gefunden hatten. Das 20. Jahrhundert begann nach der
befreienden Tat des 19. in diesem System des künstlerischen Denkens nicht eine bloße Formel
für die gefällige Ordnung der Wirklichkeit anzusehen, sondern eine Selbstverwirklichung der
alles einigenden Geistesmacht, deren Inhalte sich souverän die Formen ihres bildlichen Aus-
drucks prägen und sub specie aeternitatis gesehen und empfunden sein wollen. Als problema-
tisches Ziel erscheint daher in immer neuen Lösungen die Einheit von Inhalt und Form, des
Geistigen in dem Ereignis der Darstellung und des Geistigen im Prinzip der Gestaltung.

Aber in dieser Charakteristik des modernen Geistes liegt — das darf nie vergessen
werden — nur eine dem Stoffe: der Kunst, entsprechende Spezialisierung seiner Wirksamkeit.
Zudem: es handelt sich hier nicht nur um ein zeitlich, sondern auch völkisch abgegrenztes
Teilgebiet der Kunstgeschichte, um europäische Kunst. Der moderne Betrachter wird sich
abgewöhnen müssen, die Kunst seines Erdteiles als die Kunst anzusehen, der gegenüber kraft
seiner Intelligenz alles andere „primitiver" Natur erscheint. Wenn irgend ein Ergebnis der
geschichtlichen und psychologischen Forschungen für die Gegenwart von Bedeutung ist, dann
ist es die Erkenntnis, daß unsere Anschauungs- und Gestaltungsweise, unsere europäische
Schönheits- und Harmonienlehre eine sehr veränderliche und zudem nur eine — und weder
die schönste, reichste oder klügste — Welt, nur eine Möglichkeit von unendlich vielen Welt-

und Lebensordnungen darstellt, die auch vor dem Forum der Geschichte nicht das Recht bevorzugter Wertschätzung für sich beanspruchen darf, mag immer sie auch als „Geist von unserm Geist" uns besonders nahe stehen.

Wer daher den geschichtlichen Leistungen des 19. Jahrhunderts näher treten will, muß sie auch weltgeschichtlich als völkisches Ganzes charakterisieren und von anderen Einheiten unterscheiden können. Bei unserer oberflächlichen Kenntnis der asiatischen Kultureinheiten ist das heute freilich noch kaum möglich. Wir vermögen den geistigen Typus des Europäers vorerst mehr durch das Ziel seiner Wirksamkeit, mehr durch die Inhalte als durch die Form seines Denkens zu kennzeichnen: Es ist die systematische Gliederung und Erkenntnis der Wirklichkeit, auf der der Europäer seinen moralischen, intellektuellen, künstlerischen Menschen aufgebaut hat. Er begann damit diese Wirklichkeit im Sein des Menschen selbst zu suchen (Griechen), dann im Wirken seines Geistes (Renaissance), immer geleitet von dem Glauben an ein Absolutes des Menschen und des Menschlichen selbst (Humanismus). Als dann die Naturwissenschaft ihm die Enge seines Gesichtskreises erwies, verlegte er den Schwerpunkt seines Denkens auf die Umwelt des Menschen, wobei ihm unversehens der Mensch als geistiges Gebilde schließlich ganz unter den Händen zerrann (Darwin). Das 19. Jahrhundert hat daher in Verfolgung der Ideen der Renaissance die überlieferten Lehren der menschlichen Lebensgemeinschaft in Europa gewissermaßen auf den Kopf gestellt. Von dem Kosmopolitismus, der Gemeinschaft begnadeter Geister, einer Geistesaristokratie der wahl- und wesensverwandten Führer der Menschheit, die über alle Zeitlichkeit hinweg sich die Hand im Sonnenreich einer idealen, freien, sich selbstbestimmenden Menschheit reichen, ist man zum Sozialismus fortgeschritten; er will die zivilisierte Menschheit in ihrer Totalität gewissermaßen von unten her umfassen und setzt trotz aller merkantilistischen und utilitaristischen Einschläge an Stelle des Begriffes einer höheren Lebensgemeinschaft der „Gebildeten" den einer naturgesetzlichen Liebesgemeinschaft der ganzen Menschheit, der zu opfern und zu leben Pflicht des Einzeldaseins ist. Aber in dem Ideal des „Internationalismus" verkörperte sich doch von vorneherein die feindliche Grenze, das unübersteigliche Hindernis, das dieser Idee entgegenstand. Der Weltkrieg entschleierte mit blutigen Händen das Bild des wirklichen Europas und erklärte den Kosmopolitismus der Wissenschaft, wie den Internationalismus des Sozialismus in Bankrott. Wir müssen erkennen, daß unsere Begriffe von Logik, Moral, Liebe, Ideal, Staat in ein System nationalen Denkens so fest verankert sind, daß ein unmittelbares Verstehen über diese nationalen Grenzen hinaus kaum möglich erscheint. Man entdeckt im 19. Jahrhundert die Individualität der Strukturformen des eigenen völkischen Denkens, sieht die Bedingtheit und Grenze dieses Denkens schon in der völkischen Individualität. Da versinkt der Wille und der Wert der Einzelpersönlichkeit in der Heiligkeit jenes Organismus, der sich im staatlichen und kulturellen Leben als bestimmt gearteter völkischer Wille verkörpert und in ihm zum lebendigen Kunstwerk wurde, durch dessen gewissermaßen metaphysisches Walten das Schicksal der Völker Europas sich heute erfüllt. So wird Europa vor eine neue Gewissensfrage unter ganz anderen Voraussetzungen wie früher gestellt. Ein Schleier fällt vor unserem Angesicht. Über der großen Frage nach dem Wert und den Beziehungen dieser völkischen Denkprinzipien. Wert und Wesen ihrer Erzeugnisse im staatlichen und kulturellen Leben verglichen mit denen aller Völker der Erde, die heute auf blutigem Felde hassend einander sich gegenüberstehen, weitet sich der Blick, die Seele und in der allgemeinen Anarchie findet die Kunst allein das Wort für die Sehnsucht der Gegenwart und das geistige Bild der Zukunft mit einer starken, fast prophetischen Gewalt: Die Welt, die der europäische, zivilisatorische Geist, die akademische, blutleere Schulweisheit des praktischen Intellektes zu einer Einheit hat meistern wollen, erscheint im 20. Jahrhundert als eine Fülle von Welten. Der Kosmopolitismus und Internationalismus wird von der Idee eines Universalismus abgelöst, der die Natur und Liebesgemeinschaft des Geistigen im Organismus des Kosmos sucht. Europa entdeckt sich selbst, die Enge seines kulturellen Geistes und die Mutter der Zivilisation und stößt auf die asiatische Wurzel ihrer Kultur. Der Weltkrieg bereitet die erste große Auseinandersetzung zwischen Europa und Asien vor und, wenn wir die Zeichen der Kultur und Kunst richtig zu lesen verstehen, kämpft sie um die Idee einer metaphysischen Verankerung des Einzeldaseins jenseits aller europäisch-anthropologischen Orientierung, dem asiatisch-indogermanischen Erbe. Das Ziel des Weltkrieges ist deshalb auch kulturell symbolisch zu nehmen: man kämpft um die heilige Pforte, die Asien eröffnet. Soll der, der ihre goldenen Schlüssel erhält, auch das Palladium moderner Kultur erhalten?

Abb. 40.   Hodler, Der Morgen (Verlag R· Piper & Co., München).

Abb. 41. Turner, Schneesturm. London, National Gallery (Phot. Hanfstaengl, München.)

II.
Der Anteil der Nationen.

Es hängt natürlich ganz von der Auffassung des Wesens des modernen Geistes ab, wie man den Anteil der einzelnen Nationen an der modernen Kultur umgrenzt und bewertet.

Dazu bedarf es freilich erst einer viel gründlicheren Arbeit als der, die bis jetzt geleistet wurde, einer Arbeit, die Sprache, Kunst, Ethos, Staats- und Wirtschaftssystem als die Lebens- und Willensäußerung, als die Verwirklichung eines und desselben Geistes betrachtet, der bei all seinem elementaren Wirken immer wieder in seinen schöpferischen Ursprung zurückkehrt. Dies „Wirken" soll daher hier nicht als ein historisches Faktum einer zeitlich abgegrenzten Individualität, nicht als „Zeitgeist", sondern als Ausdruck eines geistigen Besitztums betrachtet werden, das sich durch die Geschichte ebenso wie durch die Struktur des Denkens und die Organik der ethischen und politischen Systeme darstellt. „In der Sphäre echter Kulturwerte gibt es nur ein geschichtliches Wachstum selbständiger Tatbestände, keinen jede Generation mediatisierenden „Fortschritt", gibt es nur ein immer wieder zurück in ihre dauernde schöpferische Quelle des nationalen Geistes und der Neubildung aus dieser Quelle heraus, kein kontinuierliches Weiterbauen" (Scheler). Eine solche Völkerpsychologie muß daher ohne dogmatische Voreingenommenheit in „Kultur" nur die Verwirklichung des geistigen Besitztums einer Nation sehen, dessen individueller Bestand nicht zu erklären sondern viel-

Abb. 42. Constable, Der Pfarrhof. London, National Gallery (Phot. Hanfstaengl, München).

mehr nur zu charakterisieren ist durch die über Geschichte und Geschehen erhabenen Fundamente seines Wesens. Man muß freilich dabei bescheiden sein und darf nie vergessen, daß man fremdes völkisches Wesen immer nur durch die Brille des eigenen sieht und wertet und seine Außenseiterei deshalb wird nie verleugnen können. Wir bekennen dort immer zugleich, wo wir charakterisieren und geben uns daher über der Feststellung gewisser Tatbestände doch vor allem Rechenschaft über den Platz, den wir dem Fremden im System unserer eigenen Anschauungen zu geben vermögen.

1.

Die Heimat moderner zivilisatorischer Ideen ist England, dagegen hat die moderne europäische Kultur und Kunst das Heimatrecht dort nicht zu erwerben vermocht. Hinter Englands zivilisatorischer Gewalt steht nicht die Macht einer originalen Kultur. Ihr haftet das Bleigewicht sozialer Konventionen an. Von allen großen Kulturnationen besitzt England das schwächste kulturelle Wachstum trotz der gewaltigen Entfaltung seiner zivilisatorischen Kräfte. Sein alles durchdringender Utilitarismus zeigt das modern-realistische Denken von seiner schwächsten Seite. Das kulturelle Erbe des Engländers ist frühzeitig zum Idol geworden, sein soziales Leben eine Formel, hinter der sein „Ich" sich versteckt. Deshalb war es bis auf den heutigen Tag dem Engländer nie darum zu tun, die Welt kennen zu lernen, sondern nur sich mit ihr auseinanderzusetzen. Es gibt keine Nation, die weniger zu kritischer Selbsterkenntnis und Welterkenntnis veranlagt wäre, wie die englische, aber auch keine, bei der so sehr alle geistigen und kulturellen Lebensäußerungen völkisch-englisch wären als wie hier. Doch der Engländer hat nie gelernt, sich zu äußern als freie eigen-

willige Person. Er trägt immer nur die Maske seines sozialen Daseins. Daher kommt es,
daß England, das freieste Land der Erde, kulturell das unfreieste, ja beschränkteste geworden
ist, das in seiner insularen Abgeschlossenheit eine fast klösterliche Weltfremdheit dem modern
europäischen Geist gegenüber bewahrt. Die „Überlieferung" ist hier zu einer Art Hierarchie
des Geistes geworden, dessen sittlich verschleiertes Epikuräertum geradezu den Stil der englischen Kultur gemacht. Das mag man psychologisch wie geographisch erklären.

Das stolze Bewußtsein politischer Selbständigkeit und nationaler Eigenart hat den Engländer nicht so leicht den Wechselfällen kontinentaler Kultur ausgesetzt, auch künstlerisch. Dies
Bewußtsein und die Überzeugung von dem Werte seiner nationalen Individualität hat ihn kon-
servativ gemacht. Sein nationales Ich ist ihm zu einem Idol geworden, das über alle Fragen
des Lebens in erster Instanz entscheidet. Daher meint Shaw, daß hier alle Veränderung nicht
durch Berufung auf allgemeine Prinzipien zu rechtfertigen sei, sondern durch den Nach-
weis, daß sie in Übereinstimmung mit dem Herkommen steht und eine natürliche und notwendige Folge des Vorangegangenen ist. Die Konvention entscheidet über Art und Umfang
der Verwertung neuer Prinzipien und daher kommt auch die Unbedenklichkeit, ja vom künstlerischen Standpunkt gesprochen, Frivolität, mit der hier vielfach die Vorstellungs- und Formenwelt der Alten dem — englischen — Inhalte dienen muß, andrerseits aber auch das nur
sporadische Auftauchen neuer Ideen und die geringe Nachhaltigkeit ihrer Wirkung (Constable).
England hat sich von jeher auf künstlerischem Gebiete von kontinentalen Ideen genährt,
keinen Künstler geboren, der auf dem Gebiete der Plastik oder Malerei bis 1800 irgend-
welche internationale Bedeutung gewonnen hätte. Und doch ist es eine einzige Welle, die die
geistigen und künstlerischen Bewegungen hier trägt. Denn dieses Volk hat einen ausgeprägten
künstlerischen Willen, der, man möchte sagen, durch seine negative Seite fruchtbar wurde.
Barock und Rokoko gewann hier nie ernstlich Boden, für die ausschweifende Phantasie
des ersteren, sein derb-robustes Wesen, die fröhliche Sinnlichkeit und graziöse Leidenschaft
des letzteren hatte man in dem Lande des commonsense nur Abscheu empfunden. Das hage-
stolze, steife, verschlossene Wesen haßte die Welt der ursprünglichen Effekte und man wird
die ganze englische Malerei vergeblich nach einer ehrlich gemeinten und unmittelbar erschau-
ten Ausdrucksgebärde durchsehen. Deshalb ist die durch die Natur des Engländers an
sich gebotene Verschmelzung ethischer und ästhetischer Ideen auch nie fruchtbar
geworden, wie in Deutschland. Wo die Gainsboroughs, Reynolds usw. gelernt haben, ob das
Vorbild Rembrandt oder Watteau, Van Dyck oder Holbein heißt, alles wird in das Gewand
oberflächlicher mondäner Anmut mit bald sentimentalen oder pathetischen Effekten gekleidet,
die dem behaglichen Reichtum des Salons einer Plutokratie bescheiden sich anpassen. Man
genießt das dramatische Gefälle von Gefühl und Kraft gewissermaßen aus einer gefahrlosen Ent-
fernung nur als eine Rhapsodie von Farbtönen, die ihres Inhalts beraubt sind (Abb. 41). Die
Sinnenfreuden wie die Erschütterungen der Seele werden durch ein sittliches Ideal verdammt,
bei dem der oberflächlichste Sinnengenuß und die praktische Lebensklugheit einen seltsamen
Bund eingehen und der Künstler zum geschickten Gaukelspieler einer eitlen und bigotten Gesellschaft vielfach erniedrigt wurde. Das selfish-System eines Mandeville, Lamettrie und Helvetius
begleitet diesen Geist. Sittlichkeit ist hier mehr oder minder Theater, das Resultat einer „eudä-
monistischen Klugheit, als gesellschaftlich verfeinerter Egoismus, als das Raffinement des Lebens-
kundigen, der eingesehen hat, daß er um glücklich zu werden, keinen besseren Weg einschlagen
kann, als sittlich, wenn nicht zu sein, so doch so zu tun" (Windelband) [2]. Deshalb ist die
englische Kunst vorwiegend so weichlich und sentimental. Selbst Constable (Abb. 42) fehlt

Abb 43. Whistler, Nachtstück in Blau und Silber, Detroit (U. S. A.). Sammlung Charles Freer (aus Meier-Gräfe, Entwicklungsgeschichte der modernen Malerei. Verlag R. Piper & Co., München).

bei aller pomphaften malerischen Phantasie die kraftvolle Struktur seiner künstlerischen Ideenwelt. Auch sie gefällt sich gelegentlich in der Miene weltschmerzlicher Elegie, die man auch bei den jüngeren Künstlern, wie etwa dem Anglo-Amerikaner Whistler findet (Abb. 43). Whistlers Phantasie endet ganz in der Pose des Lebensmüden. Wohl steckt noch ein Stück germanischer Gotik in diesem „japanistischen" Impressionisten, wie ja das Nachleben der Gotik in der englischen Kunst des 19. Jahrhunderts vielleicht ihre historisch interessanteste Seite ist, nur ist sie zum Theater geworden, auf dessen Bühne immer mit denselben sentimentalen Mitteln und denselben aufs rührsam Romantische gerichteten Wirkungen gearbeitet wird. Auf dies Rührsame und Weinselige hat die englische Kunst auch dann nicht verzichtet, wenn sie in ganz äußerlicher Weise das Auge umschmeichelte; die vielverschlungenen Pfade des Seelischen, das Drama der Geistigen hat in dieser Kunst nie Eingang gefunden, höchstens bei den Satirikern wie Hogarth und Beardsley, die die innere Hohlheit dieser Kultur geißelten.

Das für den Deutschen seltsamste, ja abstoßende an der englischen Kunst ist auch ihr plutokratischer Charakter. Die praktische Lebensklugheit des Engländers hat wohl zur Gründung des ersten Nationalstaates moderner Zivilisation geführt, aber jene plutokratischen Instinkte ließen hier die Idee einer Volksgemeinschaft nicht zu einer bürgerlichen Kultur werden. Nur auf einem Gebiete haben Englands künstlerische Leistungen eine ernste und nachhaltige Bedeutung für den Kontinent zu erringen gewußt: in Baukunst und Kunstgewerbe. Hier, wo Nutzen und Bequemlichkeit im Vordergrund standen wie bei den Bürger- und Landhäusern und ihrer Innenausstattung, haben stilprogrammatische Fragen nicht wie in Deutschland hindernd im Wege gestanden, zumal der Engländer kraft der nationalen Exklusivität seines Denkens und Schaffens die geringste Fähigkeit für das Verständnis fremder Individualität und den geringsten Trieb zu einem Erwerb ihrer kulturellen Werte besitzt, trotz Coquerell, Ruskin und Carlyle (und trotz seiner Geschicklichkeit im Anpassen an ihm fremde Situationen). Auf der Grundlage praktischer Konstruktion wurde hier die Form zu einem unhistorischen und immateriellen vielfach auch ganz irrationalen Motiv, das in der Formenstruktur des Ganzen nur Sinn und Wert hatte, nicht Schmuck, sondern Wesensbestandteil war. Es ist die einzige, wirklich volkstümliche und daher echte Kunst in England, die neben dem äußerlichen Formalismus der offiziellen einhergeht. Sie hat aber nie von unten her diese oberen Schichten wie in Deutschland durchdrungen als Prinzip oder Programm. Deshalb haben die englischen Bauten den Vorzug absichtsloser Ruhe, künstlerisch gesprochen eine beneidenswerte Indolenz: sie stehen jenseits von allem Kampf, von Haß und Liebe, das Dramatische des individuellen Wollens und Willens hat in der Selbstverständlichkeit ihrer formalen Struktur keinen Platz. Sie sind individuell, aber nicht persönlich, ihr künstlerisches System ist irrational, aber nicht romantisch. Dafür verkörpert die Individualität der Gesamterscheinung keinen Gedanken, der außerhalb ihrer selbst läge oder steigert sich nie wie in Deutschland zum bewußten Ausdruck des schöpferischen „Ichs". Hier liegt die kulturelle Grenze der beiden Völker.

2.

Ist der Geist der englischen Kultur exklusiv, so erscheint der der französischen weder exklusiv noch expansiv. Sie findet kreisend in sich selbst Genüge.

Das nationale Element ist in Frankreich nie objektivierter Inhalt der künstlerischen Gestaltung gewesen wie in Deutschland, so wenig wie das nationale Selbstbewußtsein nicht die Frucht eines individualistischen Differenzierungsbedürfnisses andern gegenüber wie in England. Frankreich war bei dem reichen und intensiven Wechsel der Kulturinhalte immer nur auf eines bedacht: die formale Einheitlichkeit und Harmonie ihrer Gestaltung in allen Lebenserscheinungen. Dieses Vorherrschen des Formalen will aber hier durchaus nicht äußerlich verstanden sein; es ist die Festigkeit des Systems, an dem der Strudel des völkischen Naturells Halt gewinnt, um es mit seiner Lebendigkeit triumphierend zu durchdringen. In Frankreich ist alles zu einer Angelegenheit des Volksnaturells geworden, insoferne war seine Kultur immer eine Republik des Geistes, auch zu Zeiten Ludwigs XIV. Die Kunst steht deshalb nie, wie in England die Malerei, an der Peripherie des Daseins, sondern geboren von einer starken Sinnlichkeit und wechselnd durchströmt von den verschiedensten Lebenstrieben, liegt ihr alles Lehrhafte fern, und doch ist sie nie frei geworden vom Akademischen, ja man kann sagen, es sei das Akademische ein Grundzug der französischen Kunst. Der Hang zur Systematisierung, die Freude an der Klarheit und Logik ist das auszeichnende Merkmal des französischen Denkens. Der Franzose versteht es wie kein anderes Volk, alles auf seine letzte Norm zu bringen und alles Persönliche und Rudimentäre diesem Charakter der Vollkommenheit und Vollendung zu opfern, die einen allgemeingültigen Grundsatz in geistvoller Darbietung so klar erkennen läßt. In diesem Grundprinzip gewinnt für ihn der Stil erst Wert gewissermaßen durch die Normierung seiner anschaulichen Wirklichkeit und umgekehrt wird alles Gegenständliche für ihn erst durch die alles überwältigende Logik zu wert- und sinnvoller Wirklichkeit. Was nicht gut geschrieben ist, ist nicht geschrieben. Die bescheidene Sachlichkeit allem und jedem gegenüber, wie der Deutsche, kennt der Franzose nicht. In der triumphalen Macht des Systems fühlt er sich als Herrscher, genießt er sich und die Welt. Aber eben deshalb ist der Franzose in der Kunst kein Individualist, das Persönliche äußert sich nur in der geistvollen Anwendung des Systems, nicht in seiner Überwindung. Er ist nicht Idealist wie der Deutsche, sondern Ideologe. Sein „Intellekt versucht allen Gegebenheiten seine Systemnetze überzuwerfen, an alle Inhalte wird jene Raison herangebracht, die keine Unklarheiten duldet, keine Konzessionen an das Leben macht"[3]). Das Denken und Schaffen des Franzosen ist rationalistischer Natur, aber dieser Rationalismus ist ihm künstlerisches Lebensprinzip, er weiß alle seine Ideale mit dem Leben zu durchdringen, sie zur Wirklichkeit zu machen; daher dauern sie auch nur so lange, als sie eben

Wirklichkeiten geworden sind. Über all dem Wechsel der kulturellen Inhalte und Systeme steht unverrückbar der formenreiche Geist des Franzosen. Der Engländer konserviert die überlieferten Formen vielfach ohne Rücksicht auf die neuen Lebensinhalte und Lebensziele, der Franzose kann sich gar nicht genug tun in dem radikalen und raschen Wechsel der Inhalte und ihrer entsprechenden formalen Gestaltung, aber er findet immer und überall das stabile System seines Geistes, das disziplinierte Irrationale seiner Rasse. Daher ist Frankreich das Land der Mode, das Land der Revolutionen geworden. Aber all diese Wandlungen rühren den Grund des nationalen Wesens nie auf, sie sind ihm nur Mittel zum Zweck der Lebensbetätigung: „Bei hellsehender Vernunft ein Leichtsinn gewisse Formen, bloß weil sie alt oder auch nur übermäßig gepriesen werden, wenn man sich dabei gleich wohl fühlt, nicht lange bestehen zu lassen", charakterisiert Kant den Geist der Nation. Hierin liegt ihre Stärke und zugleich ihre Schwäche. Man pflegt die letzte freilich zumeist zu übersehen, besonders auf dem Gebiete der modernen Kunst. Meier-Gräfes Buch ist ein Beispiel für viele. Das „Erbe" der vorangegangenen Zeiten hat der Franzose nie wie der Deutsche kultiviert. Davor schützte ihn, möchte man fast sagen, sein Mangel an Objektivität, sein transzendenter Standpunkt den Dingen, vor allem dem Fremden gegenüber. So blieb er immer Herr im eigenen Hause. Dafür entbehrt er jenes Reichtums an neuen und tiefgreifenden Lebensinhalten, die sich der Deutsche durch die systematische Verarbeitung der Gesamtkultur der Vergangenheit erwarb. Keine Nation ist seit dem 18. Jahrhundert so exklusiv wie die französische gewesen. Herausgewachsen aus der mechanistischen Weltanschauung des 18. Jahrhunderts und als Ideal gewissermaßen in sich verkapselt, ist auch der französische Staat „exklusiv" geworden und längst nicht mehr modern im deutschen Sinne. In seinen wohlberechneten Normen steht er im stärksten Kontrast zu jenem lebendigen Staatsorganismus, den sich seit Goethe und Herder die Deutschen errichteten mit seinem durch die natürlichen Lebenstriebe und Lebensbedürfnisse fortwährend sich verjüngenden und erneuernden System. Es ist daher nicht zu verwundern, wenn die Franzosen heute im Weltkrieg vielleicht den geringsten weltpolitischen Weitblick besitzen und die kleinlichste Rolle spielen. Der Franzose steht im Grunde genommen fremd gegenüber jener von der modernen Zivilisation sich ablösenden modernen künstlerischen Kultur. Den Beweis hierfür liefert Baukunst und Kunstgewerbe. Nicht als ob Frankreich keine künstlerischen Leistungen auf diesem Gebiete zu verzeichnen hätte. Im Gegenteil. Die große Überlieferung wirkt da überall mit ihren allgemeinsten Werten nach, so sehr, daß man ihre Formen vielfach beibehielt. Hierdurch trat die Baukunst fast ganz außerhalb der großen Stilbewegungen der neueren Zeit, zum mindesten nimmt sie nicht Teil an den Wandlungen, die die Malerei durchmacht. Der Gedanke der Eigengesetzlichkeit der Kunst hat hier wie für die Malerei praktische Folgerungen gehabt und so zu einer Vereinzelung der Künste geführt, die — etwas ganz Unfranzösisches — die Stileinheit durchaus vermissen lassen. Freilich wer die Gesamtleistungen der französischen Malerei der ersten wie der zweiten Hälfte des Jahrhunderts ins Auge faßt, wird auch für dies eigene Gebiet nicht von einer Stileinheit, sondern höchstens da und dort von einer programmatischen Verwandtschaft sprechen können. Desto mehr tritt wie nie zuvor in Frankreich die Einzelpersönlichkeit künstlerisch hervor, in einem Umfang, der höchstens von Deutschland erreicht, von keiner Nation in dieser Zeit übertroffen wird. Und doch ist in der französischen Kunst des 19. Jahrhunderts das Persönliche eigentlich nicht bestimmender Gegenstand und geistiger Inhalt der künstlerischen Gestaltung geworden, aber mehr als je wurden in Frankreich die anschaulichen Systeme nach Inhalt und Form individualisiert. Dem Deutschen gegen-

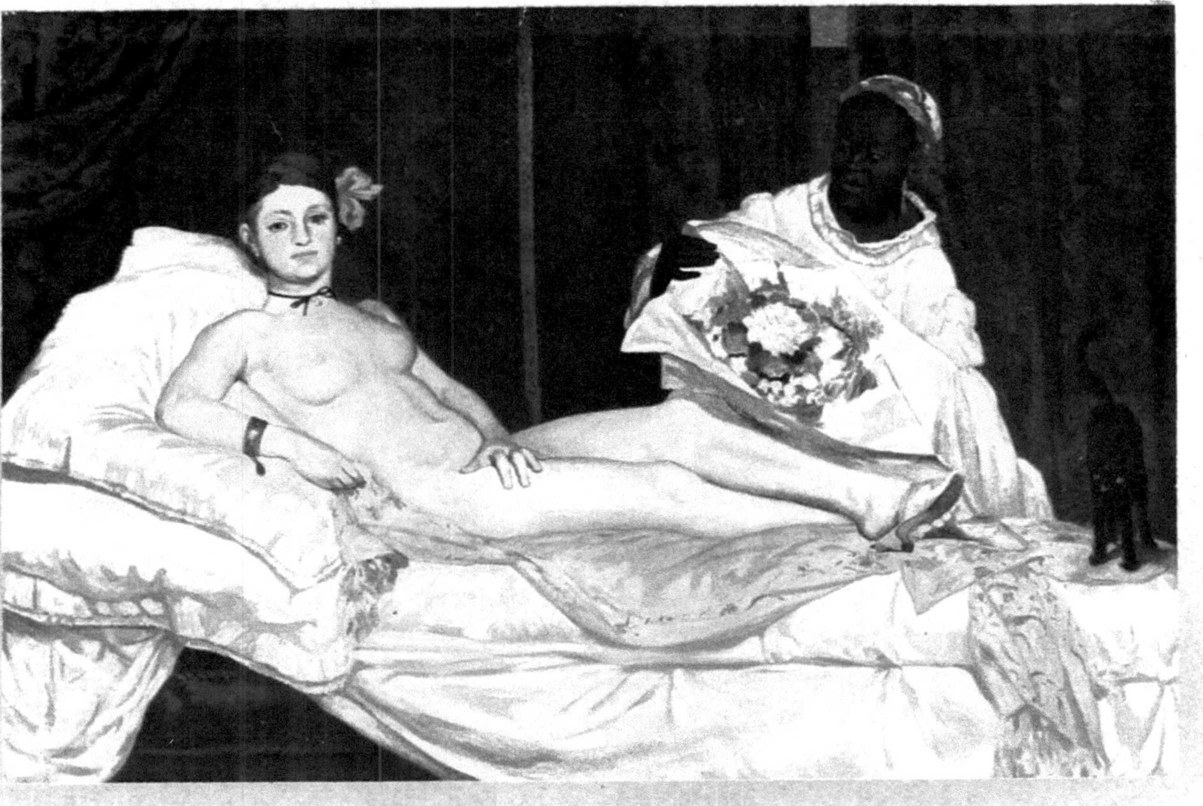

E. Manet, Olympia
Louvre, Paris

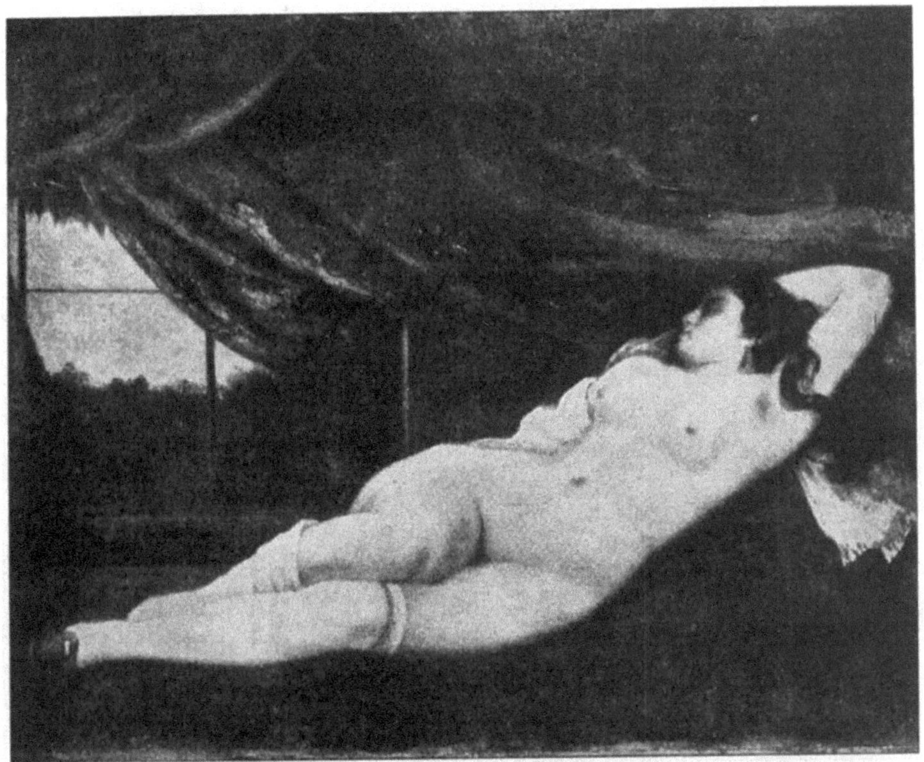

Abb. 44. Courbet, Ruhende Frau (aus Meier-Gräfe, Courbet, Verlag R. Piper & Co., München).

über erscheint dieses Individuelle freilich jeweils so eng mit dem formal abgeklärten Bildsystem auch jetzt noch verknotet ja versteckt, tritt äußerlich so sehr zurück gegenüber dem rein anschaulichen Aufbau, daß man ihn (wie den Charakter der Schrift) unter Umgehung des gegenständlichen Inhaltes erst suchen muß. Was man findet, ist wiederum ein systematisiertes Persönliches, der Zustand eines Seins mit immer unnachahmlicher natürlicher Würde und Größe, die nie als Zwang oder Pose wirkt, sondern den Adel einer höheren Freiheit besitzt. Dieses Olympische verbindet Corot mit Manet und Courbet (Abb. 44, 45 u. Taf. II). Jede Aktivität kehrt da immer in sich selbst zurück, jede Kraft ist bei aller rauschenden Freiheit gebundenes Leben, ein Leben, das in sich selbst die Gesetzlichkeit seines Wesens trägt, allein durch sich selbst bestimmt ist und das in dieser Weite der Selbstbestimmung heimlich schwelgt, in seiner Engigkeit trauert, in seiner heroischen Größe sich stärkt. Die Form überwältigt nicht wie bei den Deutschen einen Inhalt, noch wird sie von diesem gesprengt, die Form ist eine Eigenschaft des Gegenstandes, nicht Gebärde, Ausdruck seines Lebenswillens wie bei dem Deutschen; deshalb kennt die französische Kunst nicht die brutale Stärke des Willens und Wollens und, wo man diese wie bei Delacroix und Daumier zu finden glaubt, da ist

Abb. 45. Corot, Die blonde Gascognerin, Paris, Sammlung Warneck (aus Meier-Gräfe, Entwicklungsgeschichte der modernen Kunst, Verlag R. Piper & Co., München).

sie ziellos, wenn nicht undiszipliniert, nur der Träger der Leidenschaften des schöpferischen Ichs, Rubensscher Genuß am Hassen und Wüten, am Rasen des Lebens.

Im 19. Jahrhundert sind die Franzosen „Klassiker" und Führer auf dem Gebiete der Malerei gewesen, als es sich um die Entdeckung neuer Harmonien in der Systematisierung der Wirklichkeit handelte, wie bei der sog. impressionistischen Kunst. Den kosmischen Problemen des Expressionismus steht der Rationalismus und der Wirklichkeitssinn der Franzosen im Grunde genommen doch fremd gegenüber. Hier liegt die kulturelle Grenze zwischen dem Franzosen und dem Deutschen.

3.

Für den Deutschen ist vor allem das E r b e Schicksal seiner Kultur geworden. Sie war ganz und gar expansiv. Das „Seid umschlungen Millionen" erweckte nicht nur in Beethovens Brust den starken Widerhall. Es ist ein Volk, das der gesamten Vergangenheit der Menschheit zurief, und als Erbe der Früchte ihrer Taten vor allem ihr gegenüber sich v e r - p f l i c h t e t fühlte. Der Deutsche opferte dieser Pflicht wie kein anderes Volk. Er gab sein Bestes, sein Ich dem heiligen Gedanken hin. Gewiß hat das eifrige und fleißige Studium eines pedantischen Gelehrten- und Ästhetentums nirgends die künstlerischen Lebensäußerungen so nachhaltig und nachteilig beeinflußt wie in Deutschland, nirgends sieht man so häufig den komischen Ernst mühevollen Fleißes oder eines kleinlichen verquälten Strebertums, nirgends so viel mißverstandene Nachahmung fremden künstlerischen Gutes, das in gutmütiger und gläubiger Bewunderung wie eine Prophetie dargeboten wird. Es ringt da vieles mit seiner natürlichen Erdenschwere sich langsam erst zu höheren Lebensformen empor und redet vom Leid der Seele, von der Not des Schaffens und dem Glücke des Erfolges. Der Deutsche will und muß sich seine Welt erst v e r d i e n e n , aber die inneren Widerstände, die er zu überwinden hat, stählen seine Kraft, erzeugen jene zähe Willensenergie, die ihn andern Völkern vielfach überlegen macht. Wo der Franzose schwelgt oder das glückliche Antlitz seines harmonischen Geistes zeigt, redet er vom tiefen Ernst des Lebens und die persönliche Wahrhaftigkeit steht ihm über allem. Daher ist aber auch nirgends ein so ehrlicher Kampf mit sich selbst um den Besitz der Wahrheit lebendig, wie in diesem Lande, in dem die Arbeit um ihrer selbst willen gesucht wird und den höheren Lebenszweck des Daseins bildet, nirgends ein so offener und freier lebens- und weltüberschauender Sinn, dem die bestechende Phrase und der Leichtsinn ferner liegt als allen andern Kulturvölkern. Die strenge Selbstkritik hat hier den Geist nie ausruhen lassen im Genusse seiner Taten, zudem es galt, hier alles neu zu schaffen, von Grund auf die kulturelle wie politische Form des nationalen Lebens neu zu prägen und zu festigen. Der Deutsche sah das politische Dasein seines Volkes in seinem alten Bestande versinken, spürte doch die wonnige Kraft kultureller Jugend, die sich im System des geistigen Wettlaufs getragen und geborgen fühlte, und erschaute ahnend den neuen Wert und den Sinn des eigenen nationalen Wesens. Der Deutsche suchte daher etwas, was dem Franzosen gar nicht Objekt seines Denkens wurde: die Individualität seiner scheinbar untergegangenen, einst so großen Volkskultur.

Aber sein Ziel war hierbei nicht n a t i o n a l e Beschränkung, sondern Erweiterung seines künstlerischen Wesens, ganz im Gegensatz zum Engländer. Nirgends tritt wie hier in Literatur und Kunst so sehr der Kampf um den ideellen Besitz der gesamten geistigen und künstlerischen Leistungen der Menschheit und ihre geordnete Vermittlung in den Vordergrund des Denkens. Der Solidaritätsgedanke der europäischen Menschheit erhielt daher auch künstlerisch durch das Zurückgreifen auf ihr geistiges Ursprungsland seinen Ausdruck.

Die Kulturwurzel Frankreichs ist in der Renaissance zu suchen, seine Kunst ist eine abgeleitete, schon im 15. und 16. Jahrhundert, wo die von ihr unerreichte deutsche, die ganze Fülle selbständigen nationalen Geistes entfaltete. Nun greift die deutsche Kunst wieder auf den Ausgangspunkt der europäischen Kultur zurück und entdeckt im Wesen des Mittelalters jenen weltumfassenden Geist, von dem sie sich selber getragen fühlte. Ist die französische Kunst kosmopolitisch-international, so ist die deutsche n a t i o n a l ihrer Form, ihrem Inhalte nach universeller k o s m i s c h e r Natur. In die Individualität des nationalen Denkens spannt sie ihre objektivierten Weltensysteme ein. Wo der Franzose die Natur vermenschlicht und ihr Dasein zum

Abb. 46. Hodler, Genferseelandschaft (Verlag R. Piper & Co., München).

Inhalte des eigenen Wesens macht, klar, einfach, einheitlich, eindeutig und in der Passivität des Einsseins schwelgt, faßt der Deutsche den Gedanken mit Vorliebe aktiv, indem er das Einswerden einer Zweiheit — Natur und Mensch — zum objektivierten Problem seiner Gestaltung macht. Die „Einheit" ist nicht die Eigenschaft seines Denkens, sondern ihr Gegenstand, sie ist nicht das formale und rationalisierte Ziel, sondern die metaphysische Idee seiner Gestaltung. Die Form will hier mit Vorliebe nicht Eigenschaft eines in sich geschlossenen und bestimmten Seins, sondern Ausdruck eines seelischen Zustandes oder eines ringenden zerklüfteten persönlichen Willens oder einer rücksichtslosen beherrschenden sittlichen Macht sein. Man kann sagen, das Verhältnis des persönlichen Willens zur sittlichen Gesetzesmacht sind die wichtigsten Lebenselemente der deutschen Kultur, sie bilden den auszeichnenden Inhalt des Denkens der Nation. Daher die stärksten Gegensätze in der deutschen Kunst, die jeder Stil- und Kultureinheit zu widersprechen scheinen; die stürmische, wild animalische Leidenschaft eines Subjektivismus der in der goldenen Freiheit seines Geistes schwelgt und nur an die Verwirklichung seines künstlerischen Willens ohne Rücksicht auf die Meinung anderer denkt [1]) und die heilige scheue Andacht eines tiefreligiösen Sinnes, der sich nur als Vermittler des Geistes einer höheren Macht bescheiden fühlt. Das verbindet Runge mit Hodler, Hans von Marées oder Thoma. Selbst ein so einfaches und nüchternes Motiv wie das häusliche Idyll aus den Neapler Fresken Marées (Abb. 47) hat diese priesterliche Weihe, durch die der Künstler der heimlichstillen Größe der inneren Einheit der Natur nach seiner Weise huldigt; so wächst (Abb. 46) diese große zusammenfassende Gesetzesmacht in ihrem einfachen Rhythmus wie das gigantische Antlitz der Ewigkeit selbst, monumental, riesenhaft, weltenumspannend, aus dem Naturbilde heraus.

Abb. 47. Hans von Marées, Fresko in der Zoologischen Station, Neapel (nach Meier-Gräfe, Hans von Marées, Verlag R. Piper & Co., München).

Für den Deutschen nimmt das Individuum und das Individuelle einen ganz anderen Platz in seiner Vorstellung ein, wie in der des Franzosen oder Engländers. Wo Frankreich die freie Entfaltung des Individuums als Ziel praktischer Lebensklugheit sich nahm und seine Rechte gegenüber der staatlichen Gesamtheit fast bis zur Auflösung seines organischen Bestandes zu mehren versuchte, ging man in Deutschland der Pflicht des einzelnen gegen ein höheres ideelles Ganze nach, das bald Vaterland, bald Gewissen, bald Menschenwürde, bald moralisches Gesetz oder Gottheit hieß. In Kants Ethik, in Fichtes Staatslehre, in Kleists Dramen haben diese Ideen frühzeitig eine wissenschaftliche und künstlerische Gestaltung erfahren. Vor allem sind in Goethes großartiger Weltendichtung diese gesetzlichen Beziehungen von Eins und All zu Motiven des künstlerischen Denkens geworden. Daher bedeutet auch sein persönlichstes künstlerisches Bekenntnis, der „Faust", weder als Drama noch als isolierte Erzählung etwas und auch die handelnden Persönlichkeiten stellen keine für sich gesehenen geistigen Inhalte dar, das Einzelne ist Form gewordene geistige Kraft, die aus den „Urmüttern der Natur" quellend hervorsteigt, der Einzelne nur das Mittel durch das bald im Kleinen, bald im Großen der Geist universeller Mächte Sprache gewinnt. Die rationale Gebundenheit der Handlung tritt ganz zurück gegenüber dem Irrationalen einer kosmischen Kausalität, die die Individuen im Donnergang des Weltenlaufes erscheinen und die rätselhafte Größe der Ewigkeit gestalten heißt. Wo Kant die Ureinheit der Natur in einem lapidaren Bilde des Gedankens formt, läßt Goethe uns im launigen Strudel der Alltäglichkeit die elementare Schöpferkraft des zeitlosen Weltenwillens und den schillernden Reichtum seiner geistigen Natur verjüngend fühlen.

Bei Kant ist nicht die Einheitlichkeit des Denkens, sondern seine Gesetzlichkeit das Problem seiner Philosophie. Hierdurch erhält diese weltumspannende Ideenwelt den Charakter ihrer Aktivität, und man kann beobachten, wie rasch sie das Reich der Kunst beherrschend durchdringt. Bei Schopenhauer heißt das Urphänomen nicht mehr Vorstellung, sondern Wille und doch muß eben dieser Wille überwunden werden. Es ist ein Gesetz, unser Schicksal, daß das Ethos solches fordert und Wagner führte die Ideen weiter in verschiedenen Wandlungen bis zum Parzival, wo das Ethos des Mittelalters, fast schon umschlungen vom kirchlichen Gewande, moderne Gestalt gewinnt. Die tragischen Konflikte bei Kleist entstehen durch die Gesetze der Lebensgemeinschaft, der sich (Prinz von Homburg) der einzelne, sich selbst vernichtend, freiwillig unterwirft. Bei Hebbel dann die Vernichtung der Lebensexistenz der Helden durch ihren bald zu sensiblen, bald zu maßlosen persönlichen Willen. In dem Irrationalen der Persönlichkeit gewinnt das Ewige durch Vernichtung der Formen diesseitigen Lebens irrationale Gestalt. Tristans Lebensschicksale, die Mysterien des Naturtriebes bieten dann in neuerer Zeit wieder das Bild jener unbegreiflichen und unerschöpflichen Mächte, die allem praktischen Wollen, jeder Vereinzelung der Persönlichkeit im Wege stehen und ihn leitend verbinden mit jenem schöpferischen Unbekannten und Unerkannten, das unser kleines Selbst vernichtet, nur um uns immer aufs neue mit der stärkenden Urkraft alles Seins zu verbinden. Diese Ideenwelt vereint Hodler mit der jüngsten Generation. Das Sein bleibt für den Deutschen immer das übersinnliche Gesetz, das er nicht rational in seinem Verlauf, sondern irrational als eine Macht erkennt, die in ihrem Wirken alle flüchtige Zeitlichkeit in die heilige Größe der Ewigkeit bannt. Der Begriff der Unsterblichkeit des Griechen verwandelt sich für ihn zu dem des Unendlichen, Ewigen, in dem das Körperliche sich erweitert, ohne sich in ihm zu verflüchtigen.

Deshalb ist hier bei den Erben Herderschen Geistes die Kulturgemeinschaft eine Art religiöse Gemeinschaft geworden, die weitab von jenem Bilde der „persönlichen Freiheit" führt, das man in Frankreich oder England sich formte. Über der persönlichen Handlungsfreiheit steht hier die Weite des geistigen Blickes, die sich der Einzelne durch die Disziplinierung seines Denkens erwirbt. Es fehlt das Prahlerische der gallischen Eitelkeit, die von dem Besitz der wahren Humanité spricht. Der Lebens- und Daseinszweck der Deutschen ist auch auf wissenschaftlichem und künstlerischem Gebiet der ideale Erwerb, der kulturelle Besitz der Welt, die befruchtende, befreiende, erhebende, erlösende Verbindung der Kulturen, um reicher, weiter, tiefer im Empfinden zu werden. Deutsch ist kein stabiler, enger Begriff, der der Welt gegenüber tritt, deutsch heißt die Fähigkeit, sie geistig zu umfassen. Der Gegenpol des deutschen Wesens ist das englische, trotz der mancherlei noch bestehenden Kultur- und Stammesverwandtschaft, die im Norden Deutschlands zum Teil oft stark in Er-

Abb. 48. Alexei von Jawlensky, Männerkopf (aus Sturm,
erster deutscher Herbstsalon).

scheinung tritt. Der Menschen- und Menschheitsbegriff des Deutschen gründet sich nicht wie
der der Franzosen auf die ideale Einheitsform des Menschen, sondern auf die Idee der
Naturgemeinschaft der Menschen als einer höheren Lebens- und Liebesgemeinschaft. Man
kann daher den Deutschen und deutsches Wesen nicht schlimmer mißverstehen, als in nationalistischen Anwandlungen von der Gegenwart zu fordern, sich abzuschließen von allem
Welschen und Fremden, um eine national-deutsche Kunst rein zur Entfaltung zu bringen.
Die moderne deutsche Kunst und ihr Geist ist glücklicherweise viel zu stark, als daß ihr
solche enge, doktrinäre Schulweisheiten nochmals so schaden könnten wie in der ersten
Hälfte des 19. Jahrhunderts.

4.

Das Volk, das sich in den jüngsten Äußerungen seiner künstlerischen Kultur, wenn
auch national gefärbt, stark an den deutschen Geist anlehnt, ist das russische. Das
russische Volk ist dasjenige, das heute vielleicht am stärksten asiatischen Geist in europäischen Formen sich erhalten hat. Darin liegt wohl seine größte Bedeutung für die
Kultur Europas. Mehr als anderwärts fühlt sich hier der Einzelne getragen und geborgen
von einer unbekannten liebenden Macht, der er sich in frommer Resignation ergibt, sich
opfert, mit einem verwunderlichen Gefühl für die Hierarchie einer höheren Weltenordnung,
deren Güte er still vertraut. Mehr als anderwärts liegen da verschwistert die edelsten
religiösen Instinkte der Europäer mit roher animalischer Gewalt beisammen, die vielen Schöpfungen ein Organ, eine Ursprünglichkeit verleihen, die sie fürs erste ganz außerhalb des

4*

europäischen Denkens heben (Abb. 48). Max Scheler hat dies neuerdings recht treffend geschildert: „Überall dieselbe gutmütig tierisch rohe Kraft vereint mit Liebe zu einer mystischen Beziehungslosigkeit des inneren Gefühls und der gedanklichen Reflexion zu den jeweiligen Zielen dieser Kraft und den Aufgaben des Handelns. Überall dieselbe sonderbare Verbindung von ungeheurer Ausdauer, Trägheit und Konstanz in dem vom Instinkt Ergriffenen ... Überall das Clairobscure von Melancholie, Weichheit, Sentimentalität, Romantik und bodenlosem Leichtsinn. ... Überall das . . unpersönliche, zerflossene Gemeinschaftsgefühl bei gleichzeitigem Fehlen aller Willenskraft zu künstlicher Organisation" [5]). Es ist dem europäischen Wesen völlig unbekannt, wie hier „das Prinzip ungeordneter gesetzloser Gewalt durch das Prinzip eines ebenso ungeordneten gesetzlosen Liebespatriarchalismus, der von aller russischen Autoritätsidee ebenso unabtrennbar ist wie das Gewaltprinzip, immer wieder ausgeglichen wird". Dem Russen ist jenes aus der katholischen Weltanschauung wohl vor allem in die deutsche Staatsform übergegangene Gliederungsprinzip fremd geblieben, in dem der einzelne seines Wertes für die Gesamtheit wegen geschätzt wird. Man hat deshalb auch von einem russischen Massenstaat im Gegensatz zum Volks- oder besser Nationalstaat des Westens gesprochen, in dem sich Staat und Volk decken, während hier Staat- und Einzelkultur überhaupt auseinanderfallen. In dem Inkommensurablen dieses Volkstums liegt aber trotz der gegenwärtigen politischen Feindschaft ein romantischer Zauber für uns Kinder des Westens, die nach klaren Willenszielen und vernünftigen Grundsätzen zu handeln gelehrt sind, während in Rußland die dumpfen Regionen eines dämonischen Volkswillens den Nährboden für alle Ereignisse bilden, vielfach planlos, ziellos, nur „katastrophale Entladungen zurückgedrängter Instinkte". Diese elementare Gewalt ursprünglicher Instinkte ist nicht wie bei den Völkern des Westens durch zivilisatorische Ketten gefesselt, sie greift viel leichter, freilich wohl auch leichtsinniger in die Welt kosmischer Weiten hinein. Deshalb stammen die radikalsten Gestaltungen moderner Ideen heute zumeist von russischen Künstlern (Abb. 9). Bei aller Gegensätzlichkeit ist daher unschwer zu erkennen, was den Russen mit seiner — trotz der politischen Unfreiheit — eigenartigen sozialen Freiheit und seiner Fülle originaler Lebenstypen mit den Deutschen verbindet: seine instinktive Sehnsucht nach Weite und Freiheit seines Geistes, sein Gefühl für eine metaphysische Bindung und Einheit alles Lebendigen, jenseits aller Persönlichkeitsdifferenzen und Interessen. Beide Völker treten in den Kreis moderner Kultur Seite an Seite ein. Das, was sie bindet, ist asiatisches Erbe, und der große Zauberer, das Schicksal, bindet sie auch an dieselbe politische Idee.

Gegenüber diesen Nationen haben die anderen in ihrer Gesamtheit trotz oft hervorragender Einzelleistungen wie in Spanien oder Schweden nur eine provinzielle Bedeutung. Die künstlerischen Extravaganzen Italiens, die in dem sog. Futurismus vielfach die Moderne diskreditiert haben, sind talentvolle Mißverständnisse nordischer und speziell deutscher wie französischer Ideen, die, ins Italienisch-Romanische übertragen, des grotesken Charakters nicht entbehren. Doch ist diese Gruppe auch vom geschichtlichen wie völkerpsychologischen Standpunkte aus ernster zu nehmen, als dies in weiten Kreisen von Künstlern und Laien heute geschieht.

Abb. 49. L. David, Madame Récamier, Louvre, Paris (Phot. F. Bruckmann A.-G , München)

III.
Die geschichtliche Entwicklung.
1. Periode 1800—1830.

Der Geist vom Anfang des Jahrhunderts war kosmopolitischer Natur. Napoleon war der politische Held der Zeit, dem in dem Kosmopoliten Goethe das literarische Genie zur Seite trat. Das Jahrhundert begann mit dem Versuch, über die Schranken des Nationalen hinaus die reine und absolute künstlerische Grundform der europäischen Kulturgemeinschaft in der Klassik des griechischen Stiles zu suchen, ohne sich der Subjektivität seiner künstlerischen Auslegung bewußt zu werden. Ein romantischer Klassizismus. Man war der Meinung, in dem griechischen Stil auf den Ausgangspunkt der künstlerischen Entwicklung zurückzugreifen und in dem Glauben an seine elementare Ursprünglichkeit fand man hier „noch unangesteckt von der Verderbnis der Geschlechter und Zeiten etwas von dem reinen Äther der dämonischen Natur" verkörpert. Der Klassizismus wird zum Träger eines ethischen Grundgedankens, der Stil in ihm zum Lebensprinzip erhoben, das sich in dem Augenblick zum Elementaren einer primitiven Kultur bekennt, als die Grundlagen zur modernen Zivilisation gelegt wurden. Deshalb hat die Kunst dieser ersten einleitenden Periode

Abb. 50. Ingres, Selbstbildnis (Phot. Durand Ruel, Paris).

nicht ein griechisches Pensum aufgesagt, sondern eine weltgeschichtlich wichtige, künstlerische Tat vollbracht, die mit der der Renaissance verglichen werden muß, da sie einer neuen und gewaltigen Zeit im Anschluß einer Metamorphose griechischer Formenwelt den ersten, wenn auch bescheidenen, künstlerischen Ausdruck verliehen hat. Wo die Renaissance den dramatischen Kampf des schöpferischen Geistes um die Verwirklichung seines Willens, die Natur des Menschen schildert, sucht jene Zeit die elementare Gesetzlichkeit der Natur, die von Anfang an auch einen neuen sozial-ethischen Inhalt erhielt (Abb. 49). Man kämpft um die Wahrheit — trotz aller kalligraphischen Verschleierung und Verwässerung der Ideenwelt — jenseits der kirchlichen Geschichte und Symbole, um die Freiheit trotz allen akademischen Beckmessertums, um die alles einigende Urnatur trotz alles blassen Ästhetentums und Eklektizismus. Man sucht die „reine" Natur im Menschengeschlecht. Deshalb liegt der historische Wert dieser Schöpfung mehr in ihrer Tendenz als in der vielfach so unerfreulich schematisierten Bildgestalt.

Abb. 51. Jul. Oldach, Der Vater des Künstlers, Kunsthalle Hamburg
(Phot. F. Bruckmann A.-G., München).

Auch wirkt dem oft stark sich aussprechenden Hochmut des kundigen Akademikers (Abb. **50**) die Lyrik dieser neuen sozialen Empfindsamkeit mildernd entgegen (Abb. 49). Dem Machtbewußtsein und der Selbstgefälligkeit eines besonders von Frankreich geförderten kosmopolitischen Geistesideals, das wie in der Renaissance auch in der Maske des antiken Edelmannes (Abb. 50) doch niemals seine nüchterne Sachlichkeit und kühle Überlegtheit, seinen heimlichen Hang zur persönlichen Ungebundenheit, sein stolzes Selbstbestimmungsrecht verleugnet, begann schon hier die neue Zeit die Bescheidenheit und Idylle eines spezifisch bürgerlich-Individualismus entgegenzusetzen, der ehrlich und schlicht die inhaltslose neue Wirklichkeit seines von allen Vorurteilen und Überlieferungen befreiten Daseins und die

bloße formale Gesetzlichkeit in ihm allein ins Auge faßt (Abb. 51). In dieser Formgesetzlichkeit der impirischen Wirklichkeit sucht und objektiviert sich der moderne Geist in seinen
engsten und weitesten Horizonten. Der Klassizismus begann damit.

    Der Klassizismus ist das Resultat eines ästhetischen Optimismus, der die Kunst zur
Religion der Gebildeten machen wollte, um durch sie die Menschlichkeit in ihrer ursprüng-

Abb. 52. Thorwaldsen, Hirte, Kopenhagen (nach Hausenstein, „Der
nackte Mensch“, Verlag R. Piper & Co., München).

lichen Reinheit als ethisches Vorbild wirken zu lassen. Der Kampf gegen die frivole Erotik
des Rokoko ist kunstgeschichtlich dabei weniger von Bedeutung als die Tatsache, daß ähnlich
wie in der Renaissance eine Aristokratie des Geistes der Kunst ihre Leitsätze diktierte. Aber
die Vernunft, und in ihrem Gefolge die Geometrie und die Mechanik sind nicht mehr die
Alleinherrscher im Reiche der Kunst, seitdem die Primitivität inhaltlich wie formal zum
künstlerischen Ideal geworden ist (Abb. 52). Deshalb stehen schon in dieser Zeit sich zwei
Richtungen gegenüber, eine akademisch doktrinäre, die eine ästhetisch-klare, rationalistische
Idealkonstruktion aus dem Studium der Vergangenheit als geheiligtes Erbe gewinnt, und eine
romantisch-klassizistische, die das Unbewußte, ja im intellektuellen Sinne Unvernünftige, als ein

Abb. 53. G. David Friedrich, Nordlicht (Bes. Prof. Harald Friedrich, Hannover,
Phot. F. Bruckmann A.-G , München).

Symbol für jenes urweltlich reine, natürliche Dasein sucht, das durch den Sündenfall der
Zivilisation der modernen Menschheit verloren ging.

Die Harmonie der klassisch-griechischen Welt wurde im Klassizismus ethisch ge-
deutet: aus ihrer majestätischen Ruhe erwuchs das Ideal des willen- und wunschlosen Friedens einer geschlechtslosen Welt, die unwissend die Harmonie der Seele genießt .... und doch
dabei sich zur Schau stellt (Abb. 52). Es wäre natürlich falsch, die gesuchte unpersönliche
Form in ihrer kindlichen Verallgemeinerung und der mangelnden formalen Logik des räumlichen
Aufbaues an der sicheren und straffen Formendisziplin der griechischen Gestalten und dem
musikalischen Rhythmus ihres motivischen Reichtums zu messen, wo bewußt das verneint
werden soll, was diese Werke besitzen. Aber dies hier gestaltete Ideal krankt an dem Mate-

Abb. 54. Kasp. Dav. Friedrich (1774—1840), Seestück (Kgl. Schloß, Berlin, Phot. F. Bruckmann A.-G. München).

rialismus seiner banalen Gegenständlichkeit und weiter: es führt keine Brücke mehr von hier ins Leben zurück. Das moralische Prinzip hat nicht die bezwingende Macht des künstlerischen Lebens in der formalen Organik der Gestalt. Daher das Leere und Triviale. In dieser verallgemeinernden Zusammenfassung verendlicht sich die Idee. Der versteckte Realismus dieser Kunst, der in der Idealisierung der erfahrungsgemäßen Wirklichkeit steckt, mußte erst ausgetrieben werden. In dem Glauben, durch eine Verallgemeinerung, durch eine Beseitigung des Individuellen und Stofflichen das objektive Sein in der Kunst zu erfassen, bekämpfte man geradezu das Persönliche im Systembau der Gestaltung und beraubte sich so auch der beabsichtigten lebendigen Wirkung auf die Person des Beschauers. Die Kunst betrat ganz aus sich selbst heraus unter dem Einflusse der Romantik den Weg, der schließlich zur künstlerischen Verarbeitung der durch die Philosophen wissenschaftlich fundierten Weltanschauung führte.

Die Romantik dieser Zeit stellt daher im Grunde keinen Gegensatz zum Klassizismus, sondern nur eine andere Frucht desselben Geistes dar, auf den der Klassizismus sich gründet; sie setzte an Stelle des kosmopolitischen ein vielfach freilich von dem Banausentum des Kleinbürgers nicht freies kosmisches Geistes- oder besser Naturideal; wo der Klassizismus die ideale Natur des Menschen suchte, ging diese Romantik dem Wesen und Walten der Natur jenseits des Menschen nach und erkannte in der Individualität der sich uns bietenden Formen und Bilder die beredten Zeugen der ewigen Gesetzlichkeit des Naturgeschehens (Abb. 53 u. 54). Diese Romantik ist eine vorwiegend deutsche Angelegenheit. Denn vor allen der Deutsche grübelt über die gesetzlichen Beziehungen des einzelnen zur kosmischen Organik nach. Er spiegelt nicht stolz, wie

Abb. 55. Jac. Gensler, Bei Blankenese (Kunsthalle Hamburg, Phot. F. Bruckmann A.-G., München).

der Franzose, seinen Geist an der formalen Einheit alles Lebendigen, sondern er opfert so gerne
jener großen beherrschenden Allmacht, der gegenüber der Einzelne so leicht das kindliche
Gefühl der Abhängigkeit und Unsicherheit erhält. Deshalb wird hier auch bewußt die Unvoll-
kommenheit des Menschlichen der Vollkommenheit des Logos des Universums entgegengesetzt
und statt einer bloßen stolzen Erweiterung auch eine Verinnerlichung des künstlerischen
Geistes erstrebt. Stellte der Klassizismus die Frage nach dem Sinn und Wert des menschlichen Lebens, so forschte hier die Romantik nach dem Geiste des natürlichen Lebens
überhaupt. Es war keine bloß sentimentale Stimmungsmalerei, sondern, besonders in Deutschland, der Ernst des kritizistischen Geistes, der dahinter stand: Was ist die Idee des Geschehens, das Ewige im Wechsel? Es galt an jedem Einzelnen seine schöpferische Ursache
sichtbar, jenen Willen fühlbar zu machen, der einigend und leitend, geheimnisvoll als Wunder-
macht hinter allem steht. Dieser neue Naturbegriff einigt die Werke eines Runge und David Friedrich (Abb. 54), eines Thorwaldsen trotz aller Verschiedenheit des Künstlerstils. Diese Abhängigkeit und Bestimmtheit des Einzelnen durch jenes große unbekannte Wunder des Lebens beeinflußte
naturgemäß auch die Schulung des Künstlers. Sein Lehrmeister soll das freie „naive“ Auge, der
unberechenbare künstlerische Instinkt sein, der die reine Wahrheit im Lichte des Ewigen zu
offenbaren vermag. Naturalistische und transzendentale Tendenzen liegen daher in dieser Kunst-
richtung noch ungeschieden nebeneinander. Die folgende Zeit brachte die Klärung. Das Bildsystem selbst ist daher schon hier nicht bloße rationale Ordnung eines farbig-räumlichen

Daseins, sondern Verwirklichung einer geistigen Idee, die schon bewußt über die empirische Welt zum Teil hinaus drängt (Abb. 53 u. 54). Das Ich des Künstlers will sich als Träger dieser Idee verwirklichen mit jener für den Deutschen der damaligen Zeit charakteristischen Bescheidenheit und Sachlichkeit. Die Engländer und Franzosen sind kühner, selbstsicherer und wohl auch geschickter in der Verwertung und dem Ausbau der überlieferten Technik. Freilich kommen die Tendenzen dieser Kunst erst in einem Augenblick zum Durchbruch, als dies „Ich“ in der Revolutionszeit der dreißiger und vierziger Jahre sich auch politisch seine Freiheit erkämpft.

Abb. 56. Daumier, Varon als Fechter (nach Bertels, Daumier, Verlag R. Piper & Co., München).

Abb. 57. Delacroix, Tigerkampf, Paris, Louvre, Sammlung Couchard (aus Meier-Gräfe, Delacroix, Verlag R. Piper & Co., München).

2. Periode 1830—1860.

Mit der politischen auch die beginnende künstlerische Revolution. Gewiß ist die Freude an Kraft und Gewalt, an donnerndem Getöse und „blitzenden Verheeren" vorwiegend eine theatralische Geste, aber bei Delacroix entschieden weniger als bei Géricault. Auch ist diese Weltanschauung echt und künstlerischer Natur. Mit den Farben zittert und frohlockt der ganze Bildraum. Die Formen gewinnen eine neue Sprache im Dienste eines rigoros sich aussprechenden Subjektivismus (Abb. 57). Ein vulkanisches Leben, eine fieberhafte Unruhe, ein geisterhafter Glanz bei Géricault, Daumier und Delacroix, Kräfte die gewissermaßen hinter der Bühne menschlichen Willens tätig sind. Daumier entdeckt das moderne Drama in der Lebensgemeinschaft des modernen Staates und macht auch hieraus ein künstlerisches Glaubensbekenntnis (Abb. 59). Er revoltiert gegen das, was man Antike nannte, und gießt die Schale seines Spottes mit teuflischem Behagen über der Scheinheiligkeit und dem Theaterpomp der Klassizisten aus, um ihnen die fratzenhafte Mißgestalt des eigenen Daseins hohnlächelnd im Spiegel zu zeigen. Rethels Holzschnitte sind das einzige, was in Deutschland an diesen Titanen der Karikatur heranreicht (Abb. 58).

Ferner: Schärfste nationale Sezessionen in der Kunst. Deutschland hat die Tendenzen der Kunst der ersten Periode ganz ins Didaktische gelenkt. Revolution und Reaktion kämpfen diesseits und jenseits des Rheines miteinander, in Frankreich am schärfsten, in Deutschland

Abb. 58.   Rethel, Totentanz. Holzschnitt.

ist alles zahmer, spießbürgerlicher, in Rethel freilich von einem hohen Ernste sittlicher Überzeugung, einer gezügelten, veredelten, schlichten Kraft. Weltbürger drüben mit stolzem Freiheits-
drang und berauschender Lebendigkeit (Géricault und Delacroix), strenge, bescheidene Menschen
der Pflicht herüben, ernst, verschlossen, oft Kleinkrämer und Banausen.—Die Überlieferung der
Akademiker stirbt ab. Die ethischen Grundgedanken der klassizistischen Kunst arten in den
pathetisch-theatralischen Predigerton der offiziellen Kunst mit ihrer nationalen Selbstberäuche-
rung, dem eitlen Wesen eines sich ans Äußerliche klammernden akademischen Historizismus aus.
Die ehrfurchtsvolle Hingabe an den Geist der Natur verfilzt sich ins Pietistische und Dogmatische einer rechthaberischen und vielfach femininen Pedanterie, blutleer schwach, greisenhafte,
sentimentale Sehnsucht eines alternden Geschlechtes nach der Jugend. Nur Rethel spürt und
kündet die Revolution (Abb. 58).   Aber die deutschen Revolutionäre sind keine Genies. Neben
Rethel: Menzel und die Hamburger, Berliner und Wiener Impressionisten.   Rethel der
genialste, Menzel der tüchtigste und die Impressionisten von einer radikalen Sachlichkeit und
Nüchternheit.   In dieser bescheidenen nüchternen Hingabe an die Sache, die alles Theater und
Pathos wie die Lüge haßt, wird der Grund zur neuen künstlerischen Größe Deutschlands gelegt
(Abb. 60). Vorläufer schon in der ersten Periode des Jahrhunderts in Deutschland wie in England.
      Die offizielle Kunst, die monumentale Staatskunst mit ihren historischen und allegorischen
Szenerien tritt schon hier dem freien Individualismus eines noch bescheidenen Bürgertums
gegenüber, das im Bildnis und der Landschaft den künstlerischen Niederschlag seines Geistes

Abb. 59. Daumier, der drohende Buchdrucker (nach Bertels Daumier, Verlag R. Piper & Co., München.).

sieht (Abb. 60). Das Denken wurde in Deutschland und England am frühesten realistischer Natur.
Man glaubte auch die Kunst von der Afterweisheit einer gelehrten Kaste befreien und sie auf
ihre eigenen Füße stellen zu müssen. Nirgends ist man mit solchem Eifer und so frühzeitig
auf die Wahrheit der Kunst ausgegangen, wie jene deutschen „Kleinmeister" der ersten Hälfte
des 19. Jahrhunderts, die in der Metamorphose des farbigen Lichtes den neuen Gegenstand
und die neue Form der Gestaltung erblickten, gestalteten um der künstlerischen Erkenntnis
willen. Das Bild wird zum Monolog des künstlerisch kritizistischen Geistes (Abb. 60).
Der Realismus im Denken und Schaffen macht sich dabei überall geltend. Waldmüllers Ge-
mälde, Bilder von einer pedantischen mit der Photographie wetteifernden Naturtreue (Abb. 61),
verlieren alles Stimmungshafte und auch anderwärts versucht man das Panoramatische der
Szenerie, die räumliche Wirklichkeit und Klarheit selbst zu packen (Abb. 54 und 55).
Andrerseits wirft man die überlieferten akademischen Bildformen über Bord und gibt das
räumlich Fragmentarische allein um der Wirklichkeit des Augenbildes willen (Abb. 60).
Dieser Unterstreichung der Kunstform im Gegensatz zur empirischen Welt liegt aber alles
Idealisieren um so ferner, als es sich hier um eine fast wissenschaftliche Umgrenzung des
künstlerischen Wahrheitsbegriffes, dem Umfang wie dem Inhalte nach, handelt, wobei die
negativen wie positiven Seiten in gleicherweise bestimmend auf die Darbietung einwirken.
Und das wichtigste ist: Jeder will für sich selber diese Wahrheit erringen, den eigenen Weg
bei Erforschung des anschaulichen Naturreichtums gehen.

Abb. 60. Fr. Wasmann, Meraner Blumengarten (Kunsthalle Hamburg,
Phot. F. Bruckmann A.-G., München).

Diese zunehmende individualistische Differenzierung in der Kunst führt auch in Deutsch-
land zu einer bewußt völkischen Abgrenzung der Kunst. Es ist nicht nur das Abbild der
Heimat, an dem man sich erfreut, das Geistige des Heimatlichen wird zum Problem der
Gestaltung. Schwind ist sein erster Prophet.

Die Kunst Frankreichs bewährt auch in dieser Zeit ihren sieghaften mondänen Glanz.
Géricault und Delacroix eine leidenschaftliche Apotheose künstlerischer Selbstherrlichkeit.
In der Romantik der französischen Kunst lebt noch der weltbezwingende Herrscherwille
der Renaissance fort (Abb. 57), der die Erscheinungsmotive der Dinge zum Tummelplatz
einer schwelgerischen Phantasie und das Kunstwerk zur Verherrlichung des schöpferischen
Genius macht. Aber auch jener kosmische Naturbegriff des Deutschen gewinnt hier seine
nationale Gestaltung trotz des augenfälligeren Persönlichkeitskultus. Deshalb tritt in der
französischen Kunst mehr und mehr das Affektive der Willensäußerungen einzelner Persönlichkeiten, die bloße historische Erzählung in ihrem charakteristischen Verlauf zurück
gegenüber einer irrationalen stürmischen Naturlebendigkeit, die alles substantielle Sinnliche
in den Strudel ihres Willens reißt (Abb. 57). Durch die radikale Verwirklichung seines
künstlerischen Jchs ist der Franzose schon hier zu einer Ideosynkrasie alles Geistigen im

Abb. 61. Waldmüller, Aus dem Prater, Kunsthalle Hamburg
(Phot. F. Bruckmann A.-G., München).

Bilde gelangt und läßt sich von den flutenden Wellen seiner Sinnlichkeit in ein Stück
erträumten Kosmos tragen. Der Philister scheint da kein Heim in der Kunst gefunden zu
haben. Und doch wird nirgends so sehr der Alltag verhöhnt oder dramatisiert wie in Frankreich. (Daumier.) Die künstlerischen und geistigen Werte des Alltags der Gegenwart werden
hier entdeckt. Der Kulturmensch verhöhnt die Welt der Zivilisation und erlebt die erschüttern-
den Leiden seiner engen Gegenwart. Goya steigt aus dem Grabe, um Manet den Weg zu
weisen, dem Führer der neuen Generation.

Aber die großen Überlieferungen des 17. und 18. Jahrhunderts bleiben in Frankreich noch
immer lebendig. C o r o t ist die köstliche Frucht dieses Geistes in dieser Periode (Abb. 62). Sein
Impressionismus ist nur eine andere nordisch-romantische Formel für das g r i e c h i s c h e Erbe,
das er mit P o u s s i n wahrte, der Adel der Natur steht ihm über jeder Wirklichkeitsvorstellung.
Er hat sich eine wundersame, das Kalligraphische streifende Bauart in seinen Bilderformen
zu eigen gemacht, aber an diesem Gebäude b lieb doch alles elegische Gebärde. Das ist das
N o r d i s c h e an ihm, das von moderner Res ignation, von dem inneren Reichtum und den
Nöten überfeinerter Empfindungen, wie von den arkadischen Wonnen der Einsamkeit und der
Sehnsucht nach den heiligen Weiten des Grenzenlosen erzählt. Das Nordische verbindet

Abb. 62. Corot, Castel Gandolfo. Paris, Louvre.
(Phot. Hanfstaengl, München).

trotz der Verschiedenheit des Temperaments Corot mit Daumier; beide tragen ein Stück jener Leidenschaft und jenes Geistes in sich, die van Gogh zum Maler werden ließen. —

Die jüngere Romantik in Deutschland hat mehr die Bedeutung eines geschichtlichen Zwischenspiels, durch das der Faden nicht abreißt, der die Romantiker der ersten Periode mit denen der zweiten Hälfte des Jahrhunderts verbindet: unmännlich, sentimental, kleinlich philiströs reden sie in ihren Bildern häufig im salbungsvollen Ton des Predigers von den Tugenden ihres künstlerischen Gemütes, im Keime ihres Wesens längst verfallen dem materialistischen Realismus der kommenden Zeit. Ein Mephisto wie W. v. Kaulbach, der am Erbe Peter Cornelius' sich versündigte, wußte dem Publikum just alles das zu geben, was ein eingebildeter Bildungsdünkel und geheime Lüsternheit, im Gewande der Wohlanständigkeit dargeboten, verlangte. Der akademische Kreis: vielfach oberflächliches Phrasentum einer banausischen Gelehrtenweisheit, geduldige Nachbeter der offiziellen Wahrheiten, mittelmäßiges Strebertum, das durch den Fleiß ersetzen will, was ihm an Begabung fehlte. In Frankreich ist der offizielle Maler dieses Kreises, Couture auch wirklich Maler gewesen, der nicht wie Kaulbach erst eine Studienreise nach Italien machen mußte, um seinen Auftrag „wunschgemäß" zu vollenden. Nur Richter und Schwind, wie Spitzweg, sind wirklich echte Künstler-

Abb. 63. Menzel, Illustration zu Kuglers „Geschichte Friedrichs des Großen"
(Aus Meier-Gräfe, Entwicklungsgeschichte der modernen Kunst. Verlag R. Piper & Co., München).

naturen, die auch in der Enge ihres Gesichtskreises das Geistige ihres bürgerlichen Daseins mit Witz und Laune künstlerisch zu objektivieren und so über ihm sich zu erheben verstanden. Die stärksten und originellsten künstlerischen Kräfte der zweiten Periode in Deutschland sind nicht in der großen Monumentalkunst, Rethel und Cornelius abgesehen, sondern in den Buchillustrationen zu suchen. Neben P o c c i und B u s c h ist M e n z e l s I l l u-s t r i e r u n g v o n K u g l e r s G e s c h i c h t e F r i e d r i c h s d e s G r o ß e n ein Werk, das für die deutsche Kunst dasselbe bedeutet wie Daumiers Lithographien für die französische. Wo der Franzose durch die satanische Kraft seiner künstlerischen Sprache fasziniert, stellt Menzel sich durch die phrasenlose trockene Sachlichkeit außerhalb jedes Vergleiches und baut die Dämonien weltgeschichtlicher Ereignisse in den Mikrokosmos seines Geistes ein, um in nuce doch die irrationalen Willensmächte als eine Weltenenergetik im Sein und Wirken alles Lebendigen — auch des nichtigsten — fühlbar werden zu lassen, die große Kosmogonie des Lebens, die hier zur heimlichen Verheißung (Abb. 67), dort zum verhängnisvoll drohenden Gewitter (Abb. 65), hier zum harten überzeugungstreuen System einer disziplinierten Willensmacht (Abb. 63), dort zur stillen Resignation sich auflösender Kräfte zum abendlichen Feiergesang der Ewigkeit wird (Abb. 66). Deutschlands erster großer Expressionist, der auf dem Boden der Wirklichkeit stand.

Menzels Lebenswerk: das feinste Symbol für das Wesen des deutschen Geistes dieser Zeit, dessen enge kleine Gegenwart die noch gebundenen Kräfte seiner großen Zukunft in sich trägt. Man fühlt den heraufziehenden Sturm und bestaunt die eifernde eiserne Sachlichkeit und Disziplin dieser Geisteskräfte, denen positive Arbeit über alles Revolutionieren ging und deren pedantische Gewissenhaftigkeit doch nie im Kleinen erstickte, sondern wie ein heilig Erbteil mit allem Wirklichkeitssinn doch die Idee eines höheren irrationalen Lebenswillens sich bewahrte. Das „Geistige in der Kunst" war für ihn kein Programm

Abb. 64. Vignette aus Kuglers „Geschichte Friedrichs des Großen"
(aus Scheffler, Menzel, Bruno Cassirer Verlag, Berlin).

oder romantische Schwärmerei, sondern Glaubenssatz seines kritischen Wirklichkeitssinnes, und der Fall Menzel im Grunde genommen der Fall des damaligen Deutschlands: das Mißtrauen gegen die gewordene Form seiner Kultur machte ihn mißtrauisch auch gegen die eigene Person, so daß die Ehrfurcht vor dem, was als Natur a u ß e r ihm war, den Willen der künstlerischen Natur in ihm nicht selten beschränkte. Und doch ist er unserem Größten, Dürer, nahe gekommen. — — —

Beide Perioden — die Zeit bis zur Mitte des Jahrhunderts — dürfen diesseits wie jenseits des Rheins nicht zu gering als „Perioden des Übergangs" angesehen werden. Sie haben vielmehr für die zweite Hälfte des Jahrhunderts eine grundlegende Bedeutung und ihre Ideen und Probleme kehren wieder in der Kunst der neuesten Zeit, wenn auch in veränderter Gestalt.

Die rein gegenständliche Seite, die sie mit der Dichtung der Zeit zum Teil gemein hat, die steigende Vorliebe für das Gegenwartsleben, ihre politischen, geistigen und sozialen Interessen, das Aufkommen der prosaischen Beschreibung statt der „poetischen" Gestaltung trifft

Abb. 65. Vignette aus dem „Armeewerk", Federlithographie
(aus Scheffler, Menzel, Bruno Cassirer Verlag, Berlin).

Abb. 66. Menzel, Friedrich der Große
(aus Scheffler, Menzel, Bruno Cassirer Verlag, Berlin).

Abb. 67. Holzschnitt aus Menzels Illustrationen zu Kuglers
,,Geschichte Friedrichs des Großen"
(aus Scheffler, Menzel, Bruno Cassirer Verlag, Berlin.)

naturgemäß nur das äußerliche Gewand der Kunst dieser Zeit. Die geistige Problematik ist von Grund auf eine andere geworden in der Kunst. Durch den Neuhumanismus hatte die Selbstkritik der modernen Kultur und Kunst begonnen. Die Tragik der Selbstbetrachtung und der Selbsterkenntnis liegt daher von Anfang an über den Werken dieser Zeit. Das Bewußtsein von der Zweiheit unserer Naturvorstellung, die scheidet zwischen der Natur als Umwelt oder Außenwelt und einer Natur als Innenwelt, führte zur Objektivierung des Einheitsproblems auch auf dem Gebiete der Kunst. Die Einheit des Denkens, die der „naive“ Künstler besitzt, wird zum Ideal des sentimentalischen, der sich durch seine schwermütige Versenkung in seine Innerlichkeit einsam und verloren sieht gegenüber der ihn ausschließenden Ganzheit des Weltbildes (Abb. 54). Besonders die Deutschen Feuerbach und Böcklin haben diese Ideen als Gestaltungsgegenstände auch in der zweiten Hälfte des Jahrhunderts noch kultiviert, sie sind mehr als andere Spätlinge dieses Geistes.

Die Kunst soll zur Erlöserin für diese Zerklüftung des schaffenden Gehirns werden.

Die Welt wird unversehens zum Kunstwerk des Geistes, und das Kunstwerk zur einheitlichen Welt des Geistes, indem man die ästhetischen Kategorien auf die geistige Organisation und andrerseits mit Schiller durch die Unterscheidung von Stoff- und Formbetrieb die künstlerischen Anschauungen auf das Weltbild überhaupt übertrug. Damit wurde die Kunst befreit von jenen seichten Dogmen der Naturnachahmung des 18. Jahrhunderts, zum Problem des gestaltenden Geistes schlechthin. Insoferne neigte auch das Objektivitätsproblem der Kunst von da ab zu einer wertfreien Erkenntnis der anschaulichen Zusammenhänge. Es war das die wichtigste Lehre, die die erste Hälfte des Jahrhunderts theoretisch und praktisch weitergab.

Unter diesem Gesichtswinkel erhielt auch der künstlerische Niederschlag des Neuhumanismus, der Klassizismus, eine besondere Bedeutung; denn er greift zuerst das Problem der Gegenwart auf, indem er das teleologische Urbild der Dinge in seinem Bildideale unter Aufhebung des Gegensatzes von individuellem Willen und der allgemeinen Norm, und ihres inneren Spannungsverhältnisses zu gestalten versucht. Das war es, was die Zeit zur griechischen Kunst trieb. Die Romantik hat dieses Urbild dagegen mit einem neuen Ideengehalt versehen. Ihre Phantasie versteigt sich nicht zur Metaphysik eines vielfach von einem blassen Rationalismus angekränkelten Vorbildes eines schönen Seins, sondern, geleitet von dem Glauben an das gesetzliche Wirken des Geistes, entdeckt sie im schöpferischen Akt der Natur selbst das Geheimnis des Lebens. Daher setzt sie an Stelle des äußeren kausalen Verhältnisses der Geschehnisse, der äußeren Seiten des Lebens, die innere Gebundenheit einer organischen Lebenskraft, die als geistige Eigenschaft in der Formung der Dinge sichtbar wird (Abb. 62, 88, 91). Auf diese Weise wird schon hier die künstlerisch gestaltete Natur zum Symbol des Geistes, einer Lebensenergetik, deren formenbildende Kraft selber den organischen Leib sich schafft. Der Wert der Kunst liegt deshalb in der fühlbaren Gegenwart dieses Geistes oder besser in der Verwirklichung des individuellen Geistes, denn je reiner und unmittelbarer das Subjekt sich künstlerisch als geistiger Organismus verwirklicht, desto mehr enthält die Schöpfung auch von der objektiven Totalität der Welt des Geistes überhaupt. Wilhelm v. Humboldt hat am feinsten und fruchtbringendsten, zum Teil unter Einfluß Schellings, diese Gedanken formuliert. Nach dem Vorgange der großen Engländer ist Schinkel der erste (Abb. 76 u. 99), der in der Gotik wie in dem griechischen Stil den Ausdruck einer inneren Gesetzlichkeit entdeckte, durch die er frei seinen eigenen künstlerischen Willen zu gestalten vermochte.

Von der äußeren Einheit des U n i v e r s u m s kommt die Romantik zur i n n e r e n Einheit der Welt im Menschen als einer gegebenen geistigen T o t a l i t ä t. Deshalb schritt die Romantik von einer L ä u t e r u n g d e r K u n s t zu einer L ä u t e r u n g d e r E i n b i l d u n g s - k r a f t, die freilich vielfach für sie ein mystischer Trieb oder Seelenzustand ist. Damit verschoben sich auch ihre Grundlagen der k ü n s t l e r i s c h e n K r i t i k d u r c h a u s: Durch die Tat s t e l l t d e r K ü n s t l e r s e l b s t d e n M a ß s t a b z u e i g e n e r u n d f r e m d e r B e u r - t e i l u n g a u f u n d k a n n m i t h i n n i c h t n a c h v o r h a n d e n e n M a ß s t ä b e n b e - u r t e i l t w e r d e n. Jedes neue System der Gestaltung kann erst auf Grund der eigenen Logizität beurteilt werden und schafft doch immer wieder neue Erkenntnis- und Urteilsmöglichkeiten durch die Neuartigkeit seiner Naturordnung und die neuen Beziehungen zum Geistigen der Menschheit. — Erst die Gegenwart zog ganz die Folgerungen aus diesen Erkenntnissen und Bekenntnissen.

Diese Grundideen der Romantik konnten in dem Augenblick erst mit ihren Folgerungen sich recht durchsetzen, da man in der jüngeren Periode begann, das Griechentum als Norm der Menschlichkeit zu entthronen und als spezifische künstlerische Ausdrucksweise mit relativem Werte zu betrachten. (Schinkel.) Von einer kritischen Erkenntnis der teilweise eklektizistisch verarbeiteten Vergangenheit schritt man auch künstlerisch zu einem Kritizismus der anschaulichen Erkenntnis und ihrer Grenzen überhaupt fort. Die Motive des Denkens, die Einheit des Subjektiven und Objektiven, blieben freilich erhalten. Aber die Fragen tauchen nun in dem schillernden Reichtum der romantischen Ideenwelt in stürmischem Wechsel auf. Ist das Subjekt nur Durchgangspunkt für jene nüchterne objektive Gesetzlichkeit des Gesichtssinnes, in dem die Natur als bloßes Sein sich bespiegelt (Impressionismus der älteren Zeit) (Abb. 60) oder ist der Künstler als Schöpfer auch Schöpfer jener Ordnung, kraft deren sich uns die innere Einheit der Natur, ihre alles gleich machende schöpferische Lebensenergetik hier in einem mystischen Taumel (Delacroix, Abb. 57), dort in der heiligen Größe der ewigen Natur (C. D. Friedrich, Abb. 54) oder der bald heiteren (Runge, Taf. I), bald finsteren Gewalt des Geschehens (Peter Cornelius, Abb. 94) offenbart. So endet gewissermaßen die erste Hälfte des Jahrhunderts mit einer Frage, für die die kommenden Zeiten die Erfüllung brachten.

Ist das Dasein in seinem gesetzlichen Wesen auf Grund eines mechanischen, rationalen oder physiologischen Ablaufes durch das Subjekt als rationalisierter Wirklichkeitskomplex beschreibbar, gewissermaßen nach außen projizierbar oder liegt der Wert des Subjektiven in der unbegrenzten Allseitigkeit seines freien Wesens, das in immer neuen Einheiten von Stoff und Form von der Unerschöpflichkeit alles Geistigen spricht und seine tausendfach wechselnde individuelle Ganzheit zum bereichernden Symbol des Weltganzen zu machen vermag? Es sind die beiden erkenntnistheoretischen Grundlagen für die künstlerischen Gestaltungen der neuen Zeit. Die großen Franzosen Balzac, Stendhal, Zola stehen mit Manet und seinem Kreis mehr auf Seite des ersteren, die Deutschen und nordischen Künstler, Schopenhauer, Nietzsche, Wagner, Hebbel und Ibsen mit Böcklin, Feuerbach und Hans von Marées, den Expressionismus vorbereitend, in einer dramatischen Zwischenstellung verbindend zwischen beiden. Nietzsches Lehre von der apollinischen und dionysischen Kunst übernimmt die Feindschaft dieser Elemente, die wechselnd schon bei W. v. Humboldt die Pole seiner Ideen- und Gedankenwelt bilden.

K ü n s t l e r i s c h würde man nach modernen Bezeichnungen diese Verschiedenheit in der Gestaltungsweise durch den Hinweis auf eine impressionistische und expressionistische Naturauffassung zu erklären versuchen, ein Gegensatz, der im übrigen in jeder der einzelnen

Abb. 68. William Blake, Illustration zu den Oden Miltons
(aus Muther, Gesch. d. engl. Malerei d. 19. Jahrh.).

Stilperioden des 19. Jahrhunderts mehr oder minder scharf in Erscheinung tritt. Letzten
Endes sind es k r i t i z i s t i s c h e d. h. e r k e n n t n i s t h e o r e t i s c h e P r o b l e m e, die auf
die Festlegung des Verhältnisses von F o r m und M a t e r i a l der Gestaltung, vom Wesen und
System der Ordnung und dem Wesen und System des Geordneten oder zu Ordnenden hinzielten
und bald im engeren, bald im weiteren Sinne die Naturgesetzlichkeit hier als rationale, dort als
irrationale Ganzheit zum Gegenstand der Gestaltung haben werden lassen.

In der e n g l i s c h e n Kunst tritt dies zuerst und am deutlichsten hervor. William Blake
hat in seinen Illustrationen zu den Oden Miltons (Abb. 68) jene heilige Hierarchie eines kosmischen
Willens nicht ohne Berührung bereits mit dem Mittelalter auch formal, d. h. in der Struktur des
Bildes selbst, zu veranschaulichen gesucht, während vor allem Füßli (Abb. 69), zum Teil auch
Turner, mit neuen Mitteln und Materialien zu jenen Stürmen und Klippen führen und jenen
zauberischen Schleier zu gestalten suchen, der, wie Goethe sagt, die Natur und Wahrheit in ein
heimliches Licht stellt, wo jene Unklarheit und Verwirrung einer neuen werdenden Ordnung
herrscht, die problematisch und dämonisch zugleich umdunkelt wird vom Instinkt des Unbewußten und zwischen der Welt des sinnlichen Diesseits und der Phantasmagonie einer mehr
geahnten als geschauten geistigen Naturkraft schwebt (Abb. 69). Diese wilde Flucht aus der Welt

Abb. 69. Heinrich Füßli, Titania
(Phot. Hanfstaengl, München).

des trivialen Verstandes in die bunteren Regionen des Gefühls kehrt ja regelmäßig im 19. Jahrhundert wieder. Leidenschaft, Trunkenheit, Wahnsinn ruft der Werther Goethes aus, Nietzsche,
van Gogh antworten ihm an des Jahrhunderts Ende. Deshalb muß man sich in Blakes
Werken nicht gleich von der kalligraphischen Glätte der gefallsüchtigen Linien und bei Turner
nicht von der Substanzlosigkeit und der hohlen Theatralik des Lichtes abstoßen lassen. Man
wird in diesem genialen künstlerischen Trieb doch das erste große Wetterleuchten des
Geisterdramas des 19. und 20. Jahrhunderts zu sehen und die Äußerlichkeiten oder die
Veräußerlichung dieses künstlerischen Willens auf die beeinflussende Wirkung des englischen
Milieus zu setzen haben. Vor allem Füßli hat in seinen 1803 vom Engländer Boydell
in Kupferstichen herausgegebene Shakespeare-Illustrationen diesen Sturm und Wahnsinn
des kranken Geistes mit einer manchmal an Dostojewsky oder van Gogh erinnernden Größe
und Leidenschaft zu gestalten verstanden: die klassische Linie umgaukelt teuflische Reize in
mephistophelischer Glätte, zum brünstigen Schrei wird ihm das Licht, zum lauerden Dämon
der Schatten, zum Berge die Gestalt des Mannes, zum Zwerge das Kind, das Weib zur
raffiniert erotischen Tollheit, zum grausamen Schwelgen sadistischer Triumphe und in der

Abb. 70. Empireinnenraum, Schloß in Kassel
(aus Falke. Illustr. Gesch. d. Kunstgewerbes).

Abb. 71. Empfangszimmer im Lansdowne-Haus, entworfen von Adam (1767) London (nach Muthesius, Möbel- und Raumkunst in England)

scheinbar wohlgeordnetsten klassischen Bildform läßt er das Ungeheuerliche, tolle, gespenstische Tierische mit Weichheit und Duft ein höllisches Spiel entfalten, der erste, der nach Goya im Gewande der modernen Zivilisation im klassischen Stil hohnlächelnd den teuflisch - animalischen Kern des Lebens zeigt. (Er hat ihn in England entdeckt.) (Abb. 69.) Dem stolzen Glauben an ein übergeordnetes heiliges Gesetz setzt er die Dämonien untermenschlicher Größe entgegen und wird dadurch zu einem genialsten Propheten der Kunst der neuen Zeit. In Runge und Füßli, Ingres und Delacroix, Hodler und Cézanne hier, Beardsley und van Gogh dort, findet dieser die Kultur tief bewegende Gegensatz sein getreues, fast möchte man sagen geläutertes Spiegelbild.

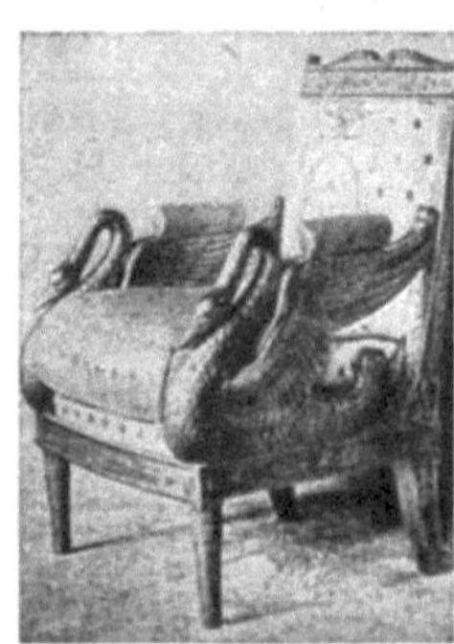

Abb. 72. Empirestuhl
(aus Falke. Illustr. Gesch. d. Kunstgewerbes).

Abb. 73. Lehnstuhl, entworfen von Schinkel
(aus Falke, Illustr. Gesch. d. Kunstgewerbes).

Abb. 74. Hepplewhite-Stühle (um 1790) im Kunstgewerbemuseum in Berlin (nach Muthesius, Möbel- und Raumkunst in England)

Auch mit den üblichen Begriffen von „romantisch“ und „klassizistisch“ wird daher weder der allgemeine stilistische Gegensatz der beiden Perioden noch innerhalb derselben ihr besonderer erklärt werden können, so wenig als ästhetisch Kategorialbegriffe wie linear und malerisch hier etwas wirklich tiefer Greifendes zu umreißen vermögen: Denn der „Impressionismus“ findet sich schon in der klassizistischen Zeit (von England abgesehen). Géricault ist trotz seines malerischen Realismus Klassizist, im Stile noch Ingres verwandter als Delacroix, während der deutsche Blechen als Impressionist Manet näher steht als den Impressionisten von Barbizon, andrerseits macht die realistische Ader gerade in der sogenannten romantischen zweiten Periode besonders stark sich fühlbar. Man stolpert reichlich oft über Banalitäten.

Auch das G e s t a l t u n g s m a t e r i a l darf nicht zu einer oberflächlichen eklektizistischen Einschätzung und Gliederung der Kunst verführen.

Das erweist schon die Baukunst: Die Vorliebe für römische Architektur in Frankreich und die Hinneigung zur griechischen in Deutschland bildet so wenig eine Charakteristik der baukünstlerischen Tatsache als etwa generell die Verwendung klassischer Formen etwas über das Wesen des Klassizismus sagt. Empire und Klassizismus sind nicht nur zwei verschiedene Stile, sie verkörperten trotz der Gleichheit des griechisch-römischen S t i l m a t e r i a l s zwei ganz verschiedene Welten.

Der Empireinnenraum des Schlosses in Kassel (Abb. 70) belastet mit seinen grob materialistisch vor die dunkle Wand gesetzten Pilastern aufs äußerste die feingliedrige Tür. Die antikischen Formen wirken durch die Pracht ihrer ganz substanziell gedachten Gegenständlichkeit. Sie s c h m ü c k e n die Wand, während in dem Empfangszimmer des Lansdowne-Haus von Adam (Abb. 71) die antiken Glieder und Ornamente gleichsam innerer Bestandteil der Wand sind, wie diese sich von dem Raum ästhetisch nicht ablösen läßt. In wohlabgewogener Gliederung verleiht ihm der klassische Formenschatz eine still in Erscheinung tretende Energetik, deren inneres Gleichmaß eine seltsame Spanung und Verspannung in das Ganze bringt. Diese puritanische Einfachheit und Reinheit eines sich selber disziplinierenden Formenwillens hat zugleich mit dem neuen künstlerischen Programm auch das tendenziöse der Verneinung an sich. Es geht gegen die Brutalität des Sinnlich-Stofflichen. Man ist sparsam mit den Mitteln. Jede Form ist auf ihre innere Berechtigung hin geprüft und der Tummelplatz der Phantasie, die Ornamentik, streng in Felder abgegrenzt. Es ist g o t i s c h e r, n o r d i s c h e r Geist in den antiken Formen hier am Werke: Die „Antike“ wird hier reduziert zur F o r m a n s i c h, in der denkender konstruierender Geist sich selbst und die Gesetzlichkeit seines Wesens zu beobachten beginnt.

Das englische Kunstgewerbe läßt das vielleicht am reinsten erkennen. Gegenüber dem Empirestuhl (Abb. 72) erscheint das Werk Hepplewhites (Abb. 74) befreit von jeder dekorativen Beigabe. Auf Grund der struktiv notwendigen Formen werden die Motive zu einem als reine Form sich aussprechenden künstlerischen Erlebnis. Schinkels Stuhl daneben zeigt wohl schon verwandten Geist, aber doch auch die ganze trockene Pedanterie des formalistischen Problematikers, dessen schon biedermeierische Ordnung puritanisch wirkt gegenüber der schwellenden Formenpracht des Empire (Abb. 73).

Die entsprechenden festländischen, freilich viel jüngeren Werke sind nicht schwer zu finden. Schinkel eines der edelsten Beispiele. In seinem Berliner Schauspielhaus (Abb. 76) ist das Motiv des Portikus infolge der sehr schlank gehaltenen Säulen und des relativ breitmassigen bekrönenden Gesimses sowie durch die seine Grundform wiederholenden Fenstermotive so fest an das Ganze gebunden, daß fast nur der motivische (kubische) Wechsel

Abb. 75. Haus im Biedermeierstil, Weimar (aus P. Klopfer, Von Palladio bis Schinkel).

Abb. 76.   Schinkel, Kgl. Schauspielhaus in Berlin.

des stereometrischen Baublockes als Abwandlung eines den Wänden e i n g e b o r e n e n Grundmotives in Erscheinung gelangt.   Der griechische Charakter der Bauformen ist bedeutungslos gegenüber dem Geiste dieses künstlerischen Systems, das durchaus als charakterisierendes Symbol auch für den Gegenstand, das Theater, dient, wie ihn eben Schinkel auffaßte . . . als g e i s t i g e Individualität. In dieser rationalen Klarheit und Strukturfestigkeit, die das SinnlichMateriale dem fast entgegenständlichten Formenmotiv unterordnet, zwingt der nordische (gotische) Geist die Antike in die seinem geistigen Wesen entsprechende Formgesetzlichkeit.   Der Stil des Biedermeier ist im übrigen das deutsche Analogon zu dem englischen Klassizismus (Abb. 75, 101).

Abb. 77. Gottf. Semper, Portal am Gebäude der Kgl. Gemäldegalerie in Dresden.

Abb. 78. Gottf. Semper, Hoftheater in Dresden (aus M. Schmidt, Kunstgesch. d. 19. Jahrh.).

Abb. 79. David, Bildnis der Mme de Verninac, Paris, Photogr. Bulloz.

Abb. 80. Ingres, Madame Rivière, Louvre, Paris

(aus Meier-Gräfe, Entwickl.-Gesch. d. mod. Kunst).

Abb. 81. Delacroix, Griechenland auf den Ruinen von Missolunghi (Sammlung Schmitz, Dresden).

Man führt die Dinge überall auf ihre e l e m e n t a r s t e F o r m zurück. Die asketische Vernunft diszipliniert die Sinnlichkeit und verändert dementsprechend die Antike. Deshalb gewinnt die Biedermeierhausfassade (Abb. 75) den künstlerischen Grundgedanken nur aus den konstruktiv notwendigen Elementarformen: Fenster und Türen, Gesimse und Ornamentik haben nur die bescheidene Rolle der Begleitung. Man kann freilich sagen, daß dies auch für die Bauten des 18. Jahrhunderts gelte. Aber dort wird das Motiv, wenn nicht die ganze Wand hineingezogen in eine strömende Energetik, die sich im Motiv bald grob v e r g e g e n - s t ä n d l i c h t, bald zur reinen Form v e r g e i s t i g t. Hier betonen die Motive ihre Bestimmtheit durch die geruhsame Schwere der Wand und werden zum Symbol der ihr gewissermaßen eingeborenen strengen Ordnung. Das Formenprinzip ist distanzierte Gegenwart, veredelte Wirklichkeit, nicht wie im 18. Jahrhundert leidenschaftliches Ereignis in einer Art Biogenesis des Motivs.

Für Malerei und Plastik gilt dasselbe. Die vernünftige Ordnung der Erscheinung ist Symbol für ihren sittlichen Wert (Abb. 79). Ingres (Abb. 80) würde dieser Welt zerfahren, Delacroix sentimental (Abb. 81), beide zu abstrakt erschienen sein. Der Körper soll als gewissermaßen architektonische Masse wirken, die dem Erhabenen näher steht als dem Intimen. Die Würde dieses Formenprinzips erlaubt keiner Silhouette ein Ausbiegen aus der weichen Schönheit ihres still sich schließenden Baues und doch dient diese architektonisierte Struktur ganz der K ö r p e r l i c h k e i t des Gegenstandes, während Ingres bereits an der Lebendigkeit eines Linienspiels sich entzückt, in dem das Substantielle des Körpers zurücktritt gegenüber der Intelligenz dieser, der Gotik näher als der Antike stehenden abstrakten Ordnung. Die Form ist hier ähnlich wie in Schinkels Bau künstlerisches O r g a n a n s i c h, die gewissermaßen übergegenständliche Form des formalen A u s d r u c k e s. Aber dieser „Ausdruck" hat noch die Härte eines distanzierenden Intellektes. Das wäre auch für den Impressionisten dieser Periode, Blechen, zu sagen (Taf. IV). Das Bild distanziert sich sofort als Ganzes wie durch die abstraktere Formenwelt von dem Beschauer, man wird nicht wie bei dem Romantiker

Abb. 82. Schadow, Denkmal Friedrichs des
Großen, Stettin.

Abb. 83. Statuette Friedrichs des Großen, Schadow-
Museum, Berlin (Anfang des 19. Jahrhunderts)
(Lübke-Haack, Kunstgesch. d. 19. Jahrh.).

Menzel mit Macht durch den Vordergrund in die Bewegtheit des Bildes hineingezogen
(Taf. IV). Klein und bescheiden sind die Dinge nebeneinander gestellt und doch schließt die
immaterielle Größe des Bildraumes etwas von der großen verschwiegenen Ordnung der Dinge
in sich, die himmelwärts drängend das Einzelne in die Strukturfestigkeit des Ganzen zwingt
und ihm durch diese Kraft und Bedeutung verleiht.

Auch die sogenannten Realisten dieser Periode, wie etwa der Bildhauer Schadow (Abb. 82
u. 83) geben in ihren Werken doch nur eine nordische Objektivation antiker Formgesetzlichkeit.
Während er in seinem Stettiner Denkmal Friedrichs des Großen (Abb. 82) die pathetische
Manteldraperie mit Stab und Büchern gewissermaßen die theatralische Geste für das Selbstbewußtsein des Helden bilden läßt, wobei der barocke Silhouettenfluß noch Zugeständnisse an den Stil
des 18. Jahrhunderts macht, überrascht er in seiner Statuette Friedrichs des Großen (Abb. 83)
durch die Einfachheit und die strenge Ökonomie der Darstellungsmittel, wobei jede Silhouette
ihre Schuldigkeit tut im Dienste des feinen Ausgleichs und formalen Bindung der zwanglos
sich bewegenden versonnenen Gestalt. Schadows realistische Stilbesonderheit liegt nur darin, daß

Abb. 84. Rauch, Entwurf zum Blüchermonument, Berlin.

Abb. 85. Rauch, Entwurf zum Blüchermonument, Berlin.

er den Rationalismus seiner künstlerischen Organik nicht vom Substantiellen des Körperlichen löst und an Stelle des Pathos des extensiven Stofflichen der Stettiner Figur in der Berliner Statuette mehr auf die Wirklichkeitsnähe der nach innen gerichteten Geistesindividualität Gewicht legt. Hierin liegt die klassizistische Seite dieses Realismus, ein Beispiel für viele, wie vorsichtig man in der Verwendung derartiger Schlagwörter sein muß.

Mit Rauchs Blüchermonument (Abb. 84, 85) tritt man in die Stilprobleme der Romantik ein. Der Fall hat durchaus typische Bedeutung. Die Frage nach der rationellen künstlerischen Einheit tritt in den Hintergrund, im Vordergrund steht die Ausdruckskraft der Gebärde als Willenskundgebung. Man denkt gewissermaßen von innen nach außen. Indem man diese Gebärde der Figur zum bestimmenden formalen Motiv für die Gestalt macht, kommt man zu einer Art „Expressionismus". In den zwanziger Jahren des Jahrhunderts macht sich diesseits wie j e n s e i t s der Vogesen diese Stilwandlung stärker bemerkbar. Schon bei Ingres (Abb. 80) fällt die bewegliche Konturierung auf, die, vom Armmotiv ausgehend, diesem gewissermaßen eine immanente, im Zickzack den Bildraum durchlaufende, rein formal sich aussprechende Gebärde verleiht, und vollends bei Delacroix gleitet mit den Händen der ganze Bildraum in die Tiefe (Abb. 81). Auch bei Rauch begleiten die Motive des Gewandes verstärkend die der Arme und machen aus der Blüchergestalt einen wild-energischen Draufgänger, gegen dessen Energie Schadow lahm erscheint. Deshalb ist Schadows Ruhm freilich nicht in „Rauch" aufgegangen; denn was dessen Gestalten an Ausdruckskraft gewonnen haben, haben sie an künstlerischer Einheit verloren. Desto mehr versucht die materielle Gewalt des Körperlichen ihre ins Heroisch-Riesenhafte tendierende Ausdehnung, ihre stoffliche Wirklichkeitsnähe, diese suggestive Willenskraft der Gestalt zu steigern.

Die beiden Reliefs am Arc de Triomphe in Paris (Abb. 86, 87) — um ein französisches Beispiel zu nennen, illustrieren diese Stilgegensätze der beiden Perioden. Das klassizistische Relief, die Apotheose einer Persönlichkeit, in feierlicher Strenge der Repräsentation, mit vorwiegend frontal gestellten, der Wand angebauten Figuren, das Jüngere, erfüllt von dem Pathos einer hinreißenden Leidenschaft, die in der Szene zu einer Art Idiosynkrasie der wilden Naturgewalt wird, in der die einzelne Gestalt die klare Grenze ihrer Körperlichkeit verliert. Während in dem klassizistischen Relief alles um die Reliefmitte in wohlberechnetem Gleichmaß gruppiert ist, entwickelt sich bei François Rude die gewaltige Energie der Gebärde aus den rückwärtigen stiller gehaltenen Figurensilhouetten zu einem Fortissimo des Ausdruckes, der keine Rücksicht mehr auf die Schönheit und geschlossene Silhouettierung der Einzelgestalten nimmt. Der Genius Rudes besteht nur mehr aus den wild divergierenden Armen und Beinen, während sein Gegenstück die klassische Pose nimmt. Hier distanziert sich das Ideal von der niederen Welt der Gegenwart, dort sucht die künstlerische Idee die Kraft des Gegenwartslebens: die räumlich-materiale Riesenhaftigkeit der Gestalten unterstützt auch hier den wilden Enthusiasmus der Form.

Abb. 86. Cortot, Krönung Napoleons am
Arc de triomphe, Paris (1810)
(Phot. Druet).

Abb. 87. François Rude, Ausmarsch am
Arc de triomphe, Paris (1836)
(Phot. Druet).

Die Malerei tut dasselbe auf ihre Weise. Bei Delacroix dieselbe von innen nach außen wirkende Willensenergetik (Abb. 57), die die stofflichen Unterschiede des Einzelnen und seine klaren Gegenstandsgrenzen aufhebt und das B i l d zur Gebärde eines irrationalen Lebens macht. Was für die Skulptur der materiale Körper (vergl. Rauch, Abb. 85), ist hier die immateriale Riesenhaftigkeit des Raumes, die Gewalt seiner Dynamik, die, wie in Courbets Bildern (s. Abb. 88), zur Gebärde mit einer Art kosmischen Resonanz wird.

Auch der künstlerisch bedeutsamste Kreis dieser Zeit, die S c h u l e v o n B a r b i z o n, charakterisiert sich nicht einfach durch ihren realistischen Impressionismus, indem sie den Problemen des farbigen Lichtes, dem neu entdeckten Apriori der Erscheinung, nachgeht. Denn für sie ist eben dies „farbige Licht" G e b ä r d e, durch die die Natur als einheitlicher Wille d u r c h - s e e l t i n d e r I n d i v i d u a l i t ä t d e r B i l d f o r m z u u n s s p r i c h t (Abb. 89). Auch die Tiefenlinien, die Perspektive ordnet sich dieser Ausdrucksidee unter. Die dünnstengligen blassen Kurvaturen der Bäume und die holprigen Linien der Felder z w i n g e n in Millets Bild (Abb. 91) die Höhe des ganzen Vordergrundes in die Niedrigkeit des Hintergrundes förmlich hinein, wie auch die Häuser, ärmliche Kreaturen, sich in den Boden verkriechen. Die Linien, das Licht, die Gestalten, der ganze Bildraum erzählen von der Notdurft beengter und verängstigter Willenskräfte, ihrem Dulderdasein, der stillen Wehmut ihres ewigen Opferns, alles innerhalb der Welt alltäglicher Wirklichkeit. Überhaupt ist viel von Last und Arbeit die Rede, die den Bildern eine elegische Gebärde gibt. Auch in der Schafherde (Abb. 92) wird das Motiv der Herde auf den erhobenen Arm des kleinen Hirten eingestellt, der freilich untergeht in dem Morituri von Hell und Dunkel. Der Hinweis auf Daubignys Landschaft (Abb. 90) mag das Bild des künstlerischen Geistes der Periode vervollständigen. Er charakterisiert sich durchaus nicht als bloß malerischer Stil. Die motivische übergegenständliche Verwandtschaft aller Teile im Bilde (Wolken, Häuser, Erde usw.) spricht doch von der Aktivität eines allerfüllenden, ewig

Abb. 88. Courbet, Die Meereswoge, Paris, Louvre
(nach Meier-Gräfe, Entwickl.-Gesch. der modernen Kunst, Verlag R. Piper & Co., München).

beweglichen Lebenswillens, der sich gewissermaßen zeitlich und lokal individualisiert, wobei auch hier die suggestive Kraft stofflicher Wirklichkeit nur der Intensität des geistigen Gesamtausdruckes, nicht ihrer dinglichen Realität dient, am meisten vielleicht bei Troyon (Abb. 89), wo die aus der Tiefe kommenden Tiere den ganzen Bildraum nach sich ziehen. Menzels Landschaft (Taf. IV) verglichen mit der Blechens erfüllt derselbe Gedanke drängender Naturenergetik, die nach vorne wie in einen Abgrund geworfen wird (Abb. 88). Diese, man möchte sagen, panoramatischen Neigungen liegen in der Natur dieser künstlerischen Seelen (vergl. auch Abb. 54 mit 55). Deshalb bedurfte es auch nur eines Schrittes, die empirische Wirklichkeit

Abb. 89. Troyon, Rinder von der Arbeit zurückkehrend
(Paris, Louvre, Phot. Druet).

Abb. 90. Daubigny, Landschaft
(im Kunsthandel).

Abb. 91. Millet, Die Kirche von Chailly (Pastell)
(Phot. Hanfstaengl, München).

vom bloßen steigernden Hilfsmittel zum reinen Gegenstand der Gestaltung werden zu lassen. Aber der Gegensatz der Kunst Waldmüllers und Wasmanns läßt sofort erkennen, daß auch die empirische Wirklichkeit als Darstellungsgegenstand selbst problematischer Natur wurde. In Wasmanns Bild (Abb. 60) tritt die künstlerisch-optische Wirklichkeit dem panoramatischen Wirklichkeitsbilde Waldmüllers (Abb. 61) gegenüber. Und doch bewahren sich beide Elemente des Stiles dieser Zeit. Bei Waldmüller erhalten die Bäume des Vordergrundes durch die winzigen Figürchen doch eine romantische Riesenhaftigkeit (vergl. auch Corot Abb. 62), die gelegentlich sich auch auf den Raum überträgt trotz der Pedanterie der Malweise, und auch Wasmanns Bild scheidet sich durch die Energie der Tiefenlinien wie auch allgemein durch die panoramatischen Formen der Raumbilder grundsätzlich von der Raumstruktur der impressionistischen Bilder der dritten Periode.

Die i n h a l t r e i c h e Seite der Malerei und Plastik stützt naturgemäß den Geist dieses Stiles. Den distanzierten, gewissermaßen zeitlosen Inhalten der Kunst der ersten Periode folgt die packende Dramatik religiöser Historie der zweiten. Diese vor allem die Monumentalmalerei umfassenden Bildwerke reihen sich zwanglos den hier geschilderten Gestaltungsgrundsätzen an. Cornelius besonders war in Deutschland einer der wenigen (Abb. 94), der die Bildstruktur und die Gruppe der wilden Gebärde dienstbar zu machen verstand, und selbst ein Wilhelm von Kaulbach enthält trotz des künstlerischen Abstandes noch gewisse, die Periode charakterisierende Stilelemente im räumlichen Aufbau, die ihn mit Delacroix verbinden. Gegen-

Abb. 92. Millet, Schafherde
(Phot. Hanfstaengl, München).

Blechen, Semnonenlager am Müggelsee (Nationalgalerie, Berlin)　(Phot. F. Bruckmann, A.-G., München)

Menzel, Kreuzberg (Märkisches Provinzialmuseum, Berlin)　(Phot. F. Bruckmann, A.-G., München)

über William Blakes Todesreiter (Abb. 93) bringen die von Cornelius einen gewaltigen Rhythmus ins Bild: Indem die unteren Gruppen verstärkend antworten, reißen sie den ganzen Bildraum aus allen Höhen und Tiefen in dramatischem Auf und Nieder nach vorne, und wenn auch Reste des Kalligraphischen in einzelnen Silhouetten noch erkennbar sind, die Linien und Formen haben doch überall Teil an dieser grollenden Energie, die bei Blake P o s e der dekorativ in die Bildebene gezwängten Gestalt, aber nicht charakterisierendes Stilmotiv ist.

Ähnlich wie in der Malerei und Plastik lassen sich auch in der Architektur die geschilderten Stilgegensätze schildern, das historische Stilmaterial spielt dabei nur eine zweite Rolle, denn die historische Stilart ist Objekt, nicht System des künstlerischen Denkens.

Die A m s t e r d a m e r B ö r s e (Abb. 96) behält noch die Motive des Klassizismus und Empires bei: der Portikus wird

Abb. 93. William Blake, Der Tod auf dem falben Rosse
(nach Muther, Gesch. d. engl. Malerei).

Abb. 94. Peter Cornelius, Die apokalyptischen Reiter
(Berlin, Nationalgalerie).

6*

Abb. 95.   Notre Dame le Bas, Paris.

Abb. 96.   Amsterdamer Börse
(Klopfer, Von Palladio bis Schinkel).

nach Schinkelscher Art durch das breitmassige Horizontalgesimse an die geschlossene Ordnung des breithingelagerten Ganzen gebunden. In der Kirche Notre Dame le Bas (Abb. 95) drängt der Portikus über seine Flügel hinaus, verstärkt durch die Kraft seiner materialen Größe. Die kleinen Portale wirken ähnlich wie die Figuren in Waldmüllers Bild (Abb. 61) neben dem riesenhaften Baum. Der Mittelteil bekommt etwas Stürmisches, Gewaltsames, wie der Turm nordischer Kathedralen. Er wird zur Gebärde.

In St. Augustin (Abb. 98) stehen die Portale und ihre Dekoration des unteren Geschosses mit ihrer kleinlichen gebundenen Formenwelt in stark sich aussprechendem Gegensatz zu dem gewaltigen Pathos des sich öffnenden Bogens darüber. Die Harmonie ist Nebensache. Der Stil ist nicht mehr eine rationale Formel, die das historische Material zu einer gefälligen Ordnung zwingt (Abb. 97), sondern Stil ist individueller Ausdruck eines künstlerisch souverän verfahrenden Willens. Man stellt unbedenklich das gotische Radfenster in einen Renaissancerahmen. Auch dort, wo das gleiche Stilmaterial verwendet wird, vergl. Abb. 99 mit 100, wird man die Denkunterschiede ohne weiteres erkennen können. Beim Klassizisten Schinkel fällt die straffe Disziplin in der motivisch-klaren Gliederung des Baues auf, die ihm eine innerliche Spannung und doch als Organismus etwas Abstraktes gibt. Im Ferstelschen Bau verschwinden die Motive viel mehr in dem Materialen der Baukörper. Man braucht nur etwa die Wimperge der Schinkelschen Kirche, die spitz gleich in die Turmmotive getrieben werden, mit denen Ferstels zu vergleichen, die von der S o c k e l m a u e r des Helms fast verschlungen werden. Noch deutlicher wird dies bei den Streben des Turmes, die sich bei Ferstel von der Gesamtmasse kaum abheben, vielmehr ebenso wie alle andern in den Konturen verschwimmenden Motive der Kirche eine viel stofflichere, sinnlichere Körperlichkeit und eine ihrem M a t e r i a l eingeborene Energie verleihen. Die Form ist auch mehr i r r a t i o n a l e Q u a l i t ä t des Materialen, bei Schinkel mehr künstlerisches System an sich. In der Irrationalität der Form liegt das Romantische, das St. Augustin mit der Votivkirche verbindet, trotz der Verschiedenheit des Stilmaterials.

Auch das Kunstgewerbe läßt mit aller Deutlichkeit diese Wandlungen verfolgen: An Stelle der puritanischen, abstrakteren Formenwelt des Biedermeier kommt man um 1860 zu einer Art Rokoko (Abb. 102), um in den fast schon phantastischen Silhouetten einer leidenschaftlicheren Sinneslust freien Lauf zu lassen. Doch wird hier die Linie nicht zur abstrakten Form, die sich ablöst von dem Gegenstande, die Form bleibt vielmehr gebunden an die immer breiter, massiger gehaltenen Körper des Stuhles usw.

Abb. 97. Hittorf, St. Vincent de Paul (beg. 1824)
(aus M. Schmidt, Kunstgesch. d. 19. Jahrh.).

Abb. 98. Baltard, St. Augustin, Paris (beg. 1860)
(aus M. Schmidt, Kunstgesch. d. 19. Jahrh.).

Abb. 99. Schinkel, Entwurf zu einem Dom auf dem
Leipziger Platz (1816), Federzeichnung, Berlin.

Abb. 100. H. Ferstel, Votivkirche in Wien (beg. 1856)
(aus M. Schmidt, Kunstgesch. d. 19. Jahrh.).

Abb. 101.   Biedermeier-Zimmer um 1830
(aus Meebs, um 1800).

In Frankreich wie in Deutschland wurde dieser neue Geist auch auf baukünstlerischem Gebiete w i s s e n s c h a f t l i c h begründet. Schon Schinkel hat da vorbereitet: „Die Architektur des Heidentums ist in dieser Hinsicht ganz bedeutungslos für uns“ — wo es sich eben um die Verwirklichung einer aufs Jenseitige hinweisenden baukünstlerischen Idee handelt — „wir können Griechisches und Römisches nicht unmittelbar anwenden, sondern müssen uns das für diesen Zweck Bedeutsame selbst erschaffen.“ Aber wo Schinkel die materialen und formalen Grenzen für die jeweiligen künstlerischen Ideen rational an der Hand bestimmter Idealbegriffe von den historischen Stilarten festlegte, gründet die neue Zeit ihr Programm auf einer universalhistorischen Idee von dem „Künstlerischen“ überhaupt, objektiviert mithin auch hier kritizistisch die Formen des künstlerischen Denkens an sich, um auf dieser Kenntnis eines absolut Künstlerischen die nationale und persönliche Kunstweise aufzubauen. Die berühmt gewordéne Konkurrenz um den Ausbau der Münchener Maximilianstraße ist trotz aller bedenklichen Entgleisungen doch von größter geschichtlicher Bedeutung, als hierin der ernste Wille, eigenes Zeitgemäßes zu schaffen und das ererbte Stilmaterial persönlich zu durchdringen, seinen ersten programmatischen Ausdruck fand. Semper, der genialste deutsche Architekt dieser Periode, hat dies Programm am klarsten umrissen. Der wahre

Abb. 102.   Zimmer um 1860
(aus Falke, Illustr. Gesch. d. Kunstgewerbes).

A u s d r u c k der Kunst besteht für ihn wie für die Zeit darin, daß sie „den Zusammenhang mit allen Jahrhunderten der Vergangenheit zu ahnen gibt und mit Selbstbewußtsein und Unbefangenheit sich ihres reichen Stoffes bemächtigt". Das Romantische spricht sich darin am deutlichsten aus: individuelle Durchdringung eines auf Grund historischen Wissens begründeten Begriffes des absolut Künstlerischen, als Theorie zugleich das geistige Fundament der neuen Zeit. Die B a u f o r m e n sind ihm S y m b o l für die k o n s t r u k t i v e und m a t e r i a l e Bedeutung des B a u s t o f f e s. Aus den Stilidealen der Klassizisten erwächst ihm die Vorstellung von einer allgemeinen S t i l i d e e. Er wendet sich dem von der Zeit für primitiver und unreiner gehaltenen r ö m i s c h e n B a u s t i l vor allem zu und eben deshalb, weil ihm hier sich die Korrelate seines künstlerischen Denkens am klarsten ausdrücken: materialer Stoff und Form Abb. 77 u. 78). Die künstlerische Arbeit ist ihm i n d i v i d u e l l e s V e r g e i s t i g e n d e s M a t e r i a l s, aber genau in dem Sinne, wie man dies bei den Bildhauern und Malern ebenfalls kennen gelernt hat. Die künstlerische Form verschwindet weder in der schlichten Ganzheit des baukünstlerischen Objektes noch verneint sie das Stoffliche zugunsten der rationalen Klarheit der Formenstruktur, sondern die künstlerische Form erhält durch die ganze fleischliche Pracht des Materials (daher auch die Polychromie) packende körperliche Wirklichkeit. Deshalb wirkt auch in Sempers Theaterbau vielmehr die weichere, sinnlich-körperliche Pracht der gerundeten Baukörper, nicht wie bei Schinkel die straffe Disziplin ihrer auch in den Ecken und Kanten der Baugruppe erscheinenden formalen Struktur. Die Form ist geistige Eigenschaft der Baukörperlichkeit. Sie beginnt in dem vergegenständlichten Motiv der Säule zu verschwinden. Viollet le Ducs Bauprinzip ist das französische Gegenstück zu Semper, nur daß er seine Ideen an der Gotik exemplifiziert, der Auftakt zu einer hier noch historisch sich orientierenden W i s s e n s c h a f t v o n d e r K u n s t. —

Will man oberflächlich die Analogien zu dem Denken der Zeit bezw. den Denkgegensätzen der beiden Perioden etwa auf philosophischem Gebiete noch angedeutet haben, so wäre für die erste Periode auf Kant hinzuweisen, der in seiner Ethik wie Ästhetik das F o r m a l g e s e t z l i c h e, das Interesse an dem „O r d n e n" über „die F ü l l e u n d S t r u k - t u r des Triebes" stellt und die „absolute" Wirklichkeit in den o b j e k t i v e n Anschauungsformen unserer V o r s t e l l u n g findet. Raum und Zeit haben nicht empirische, sondern t r a n s - z e n d e n t a l e Idealität und die Substanz löst sich auf in zwei sich das Gleichgewicht haltende Kräfte, die Idee des kantischen Weltbildes ist das I d e a l e i n e s h a r m o n i s c h e n Z u - s t a n d e s, durch das alles Einzelne und Individuelle determiniert wird. Das „Wirkliche" lebt nur in den Denkgesetzen des menschlichen Geistes. Das was hinter der Erscheinung liegt, das Irrationale, liegt außerhalb der Kantischen Betrachtung.

Gegenüber dieser kosmologischen Harmonie einer überindividuellen, in sich ruhenden Vernunftwelt setzt die Romantik der zweiten Periode das Bewußtsein des W o l l e n s, das als l e b e n d i g e K r a f t in der I n d i v i d u a l i t ä t sich offenbart, und aus K r a f t und W i - d e r s t a n d gründet sich das Wesen von der W i r k l i c h k e i t, ein Spannungsverhältnis von Gefühl und Wille bedingt den Ablauf des seelischen Lebens. Der Wille ist für Schopenhauer das ἓν και πᾶν, und Schelling will die Natur nicht als System, sondern S i n n und B e d e u t u n g der Einzelerscheinung in diesem zweckvollen System erfassen, um die i n n e r e Ganzheit der Natur auf Grund der Formenverwandtschaft zu erweisen. An Stelle des ethischen tritt der ästhetische Idealismus. Im unbewußten, gefühlsmäßigen Schaffen offenbart sich das verlorene Paradies, die Natur. Sie ist das Unendliche, niemals Fertige: Ein Objekt gibt es nur für ein Subjekt und in dem erlebenden Ich wird Denken und Sein eins. Das Wesen des Absoluten ist irrational und Schopenhauer begrüßt die indische Religion als wahlverwandtes System seiner Lehre, die Welt mit ihren Sonnen und Sternen, die er überwunden hat. „In deinem Nichts hoff' ich das All zu finden." Es ist der Wille des Geistes, die Bedeutung, die G e b ä r d e d e r E r s c h e i n u n g, die man in der materialen Wirklichkeit sucht, als Ausdruck ihres geistigen Wesens. Das prophetische Wort Fichtes schickte sich an, am Ende der Periode zur Tat zu werden: „In der neuen Zeit bricht die Ewigkeit nicht erst jenseits des Grabes an, sondern sie kommt ihr mitten in die Gegenwart hinein." Die Aufgabe des Menschen ist, „ewig Dauerndes zu verflößen in rein irdisches Tagewerk, das Unvergängliche im Zeitlichen selbst zu pflanzen und zu erziehen".

Literarisch wird der Gegensatz von Goethes Iphigenie und Hebbels Judith die Verschiedenheiten des Geistes beider Generationen vielleicht am tiefsten zu kennzeichnen vermögen. Hier die edle Frauengestalt, die den neuen Geist des Jahrhunderts in vollendeter Reinheit aus dem grausigen Mythos der Atridensage über Wüten und Hassen erstehen läßt in einer Welt der Versöhnung und des Friedens, die sie kraft ihrer Frauenhaftigkeit allein nur zu schaffen imstande ist als heilige Stimme der Wahrheit und Menschlichkeit. So steht Iphigenie wie ein formvollendetes Denkmal da, das prometheische Hände in die reinen Tempel weltüberragender und weltversöhnender Liebe und Vernunft gehoben haben. Dort die zerrissene Seele des Weibes, das den Ausgleich, die Harmonie, nicht findet zwischen den Forderungen der Natur ihrer Weiblichkeit und dem mystichen Glauben an eine höhere Macht in ihr, deren Leben ein entsetzliches Drama einer P e r s ö n l i c h k e i t ist, in der die menschlichen Triebe in immerwährenden Konflikt geraten mit dem dumpfen Bewußtsein von den Forderungen einer überpersönlichen Ethik. Diese wirbelnde Seele verendlicht, vergegenständlicht in der Person den unendlichen Abgrund des Lebens und läßt den Ablauf der Historie zur G e b ä r d e irrationaler Mächte werden, die weniger in dem formalen Bau des dichterischen Ganzen als in der gelockerten Redefolge gewissermaßen als bloß s p r a c h l i c h e W i r k l i c h k e i t sich äußern. Von der Penthesileia Kleists sagt Julius Bab, daß sie das Bild des Menschen sei, der die Verwirrung unbeugsam stolzer Kräfte mit dem Leben zahlt, weil ihm sich Gefühl zu Gewalt, Küsse in Bisse, Liebe in Mord verkehrt. Die Romantik der ersten Periode ist vielmehr ein traumhaftes Schwelgen in kosmischen Weiten, die der jüngeren Generation geht von dieser saftigen, grausig lebendigen Wirklichkeit aus und verflicht in sie die Wunder einer sinnlich schwelgerischen Phantasie (E. Th. A. Hoffmann im Gegensatz zu Novalis u. a.).

Für Novalis ist das Erlebnis göttliche Gnade, für Brentano Schicksal, hier olympische Heiterkeit im stillen Genusse der Himmelsklarheit, dort die grenzenlose sinnliche Leidenschaft für die jenseitige Welt, der Schrei der Vereinsamten und Geknechteten, der aus der Tiefe materialer Diesseitigkeit kommt und eben über die engen Mauern seines irdischen Gefängnisses nicht wirklich hinausdringt. Deshalb ist das, was Symbol des Geistigen hätte werden sollen, ebenso wie in der bildenden Kunst im Historizismus, in der farblosen banausenhaften Materialisierung und Verphilisterung der Ideen zumeist stecken geblieben. Es blieb die feminin sentimentale Gebärde, die das Gefallsüchtige der Frömmelei (Führich)) oder das theatralische und rhetorische Pathos des Schauspielers hat (Schirmer, Rottmann, Lessing u. a.). Dichterisch am schlimmsten bei Lord Byron, dem der katholische Gottesdienst der „eleganteste" ist, dessen Kunst in elegischer Blasiertheit der Menschen moderner Zivilisation schon endet und dessen Weltschmerz wie überhaupt in der englischen Kunst (Burne-Jones und Rossetti besonders) die rührselige Geste nur für eine unbefriedigte Sinnlichkeit ist. Aber der kritizistische Geist objektiviert auch hier den romantischen Menschen und gestaltet, ihn bespöttelnd, seine Philisternatur. Spitzweg hat für das romantische Spießbürgertum die feinste künstlerische Formel als Maler gefunden. Er lächelt wie Jean Paul oder Chamisso in seinen Werken. Chamisso sieht im Symbol des Mannes, der seinen Schatten sucht, „den irdisch bürgerlichen Niederschlag dieses romantischen Ichs", dem er den Frieden mit Goethe in der Arbeit verheißt. Dieser positivistische Geist wird bei Kleist in seinem Hermann, dem „Antihamlet", zum leidenschaftlich festen Willen, der nicht in Gefühlsüberschwang, sondern aus wissentlicher Überzeugung und Achtung vor den Gesetzen den Tod sucht und damit in das Gebiet praktisch-bürgerlich-sozialer Ethik den Gedanken der Romantik hinüberleitet (Rethel, Abb. 58). In diesem Niedersteigen, Sichverbeißen in die Wirklichkeit liegen die Keime der kommenden Entwicklung.

Die E r d e durchdringen, heißt Immermann den Menschen, mit den Blitzen seines Geistes, daß sie geistesschwanger werde! (Abb. 88—92.) Am reinsten sprechen sich die Gegensätze der beiden Perioden m u s i k a l i s c h i n B e e t h o v e n und B e r l i o z aus. Beethovens erhabener Weltenchorus breitet die ganze funkelnde Schönheit seiner kosmischen Phantasie in der klassischen Einheit seines kontrapunktischen Systems aus, in dem der Goethische Reichtum der einzelnen Vorstellungsglieder zu einer höheren geistigen Gemeinschaft alles Lebendigen sich formt. Sein Ich wird zum kosmischen Leben erweitert, er projiziert sich und die Welt in dieses wunderbare System gewissermaßen h i n a u f, die allen Willen, alle Affekte immer wieder kreisend in seiner sicheren Organik bettet. Bei Berlioz verliert sich diese höhere musikalische Einheit und das rein klangliche Element wird zum menschlichen, oft untermenschlichen Stimmungsausdruck, der die musikalische Form durch eine stimmlich - n a t u r h a f t e Färbung negiert. Über den thematischen Zusammenhang des Motives siegt sein stimmungshafter Charakter, seine G e b ä r d e, ähnlich wie bei Schumann; das logische löst das allogische ab ... im System der musikalischen Gestaltung. Nur insoweit ließe sich auch von einer romantischen Malerei sprechen, d. h. insoweit eben das Bildsystem a l l o g i s c h e r nicht rationaler Natur ist (Füßli). Im übrigen ist für die Auffassung des Wesens der Musik stilgeschichtlich nichts interessanter als die Definition Schopenhauers, der in der Musik eine Sprache der Metaphysik erkennt und sie für das Abbild des W i l l e n s als Ding an sich hält: die Musik i s t das, was in den andern Künsten die Hände n a c h b i l d e n, d. h. die W i r k l i c h k e i t der Idee.

Im ganzen genommen ist es zum mindesten für die bildende Kunst nicht leicht, den weltgeschichtlichen Kern der ersten Hälfte des Jahrhunderts bloßzulegen. Die innere Tragik der europäisch-christlichen Kultur offenbart sich noch einmal mit aller Schärfe und die beiden tragischen Gestalten, die an der Grenze der zusammenbrechenden Renaissancekultur stehen, haben Paten auch gestanden für den Geist dieser Zeit. Hamlet und Don Quichotte. Die müde Geste des Skeptikers hier, der aufs neue vor dem Baume der Erkenntnis seine Verdammung erlebt und in der Erkenntnis der Relativität alles Seins und Tuns so über den Dingen steht, daß er die Kraft nicht mehr findet, in ihnen zu leben, sein Leben mit der Wirklichkeit in Einklang zu bringen, dort das tragische Narrenspiel des kindischen, kraftlosen Phantasten, der die Vergangenheit im komisch-verrückten Eigensinn zur Wirklichkeit machen will. Zwei Sonnen kreuzen hier chaotisch ihre Strahlen, die neuerstehende Vergangenheit, die Welt als seiende geschaffene Ganzheit, die Welt als geschichtliche Wirklichkeit, die lange, allzulange zum bequemen Glaubensbekenntnis der intellektuellen Oberschicht wurde und die neue w e r- d e n d e Welt, die die praktische Tat zu einer neuen Wirklichkeit sich baute. Aber auf den bloßen Gegensatz eines romantischen Idealismus und eines immer tatenfroher werdenden Realismus allein stellt sich der Geist der Zeit nicht ein. Denn der Historizismus der Romantik gründet sich doch auf ein tieferes kulturgeschichtliches Problem: die Romantik sieht in der Historie das Ferne, Wundersame, Überwirkliche und findet hier das Kostüm für die elegische Vereinsamung des Geistes. Das weltgeschichtlich Wichtigste bleibt für die Romantik ihr Kampf gegen die Rationalisierung und Veräußerlichung der Weltordnung. Deshalb schlummern hier alle revolutionären und nicht minder fruchtbaren Triebe der Moderne. Die erste Regung der Sittlichkeit, meint Schlegel, ist die Opposition gegen die positive Gesetzlichkeit und konventionelle Rechtlichkeit und eine grenzenlose Reizbarkeit des Gemütes. Er ahnt „die Katastrophen, die die bestehende Ordnung im Sinne einer neuen Religion verschlucken wird". Demgegenüber reicht Hebbel den Männern der unmittelbar folgenden Geschlechter der dritten Periode die Hand:

„Es gibt keinen Weg zur Gottheit als durch das Tun der Menschen, durch die vorzüglichste Kraft, das hervorragendste Talent, was jedem verliehen worden, hängt er mit dem Ewigen zusammen, und soweit er dies Talent ausbildet, diese Kraft entwickelt, soweit nähert er sich seinem Schöpfer und tritt mit ihm in ein Verhältnis. Alle andere Religion ist Dunst und leerer Schein." Hier stehen Menzel und Courbet, dort Füßli und Delacroix.

Abb. 103. Pocci, Illustration
aus dem „Kl. Frieder"

Abb. 103a. H. Daumier,
Vignette

(aus Kunst und Künstler. Verlag Cassirer. Berlin).

Abb. 104. Böcklin, Einsames Gestade
(Phot. F. Bruckmann A.-G., München)

Abb. 105. Th. Th. Heine, Vor Sonnen-
aufgang.

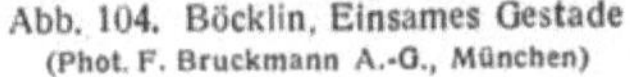

(aus Burger, Cézanne und Hodler)

3. Periode 1860—1890.

Europa ist reich geworden. Reich an geistigen und materiellen Gütern. In Eisen und
Stahl hat es die Siegeszeichen seines Geistes gebaut. Stolzes Machtgefühl, schwellende
Kraft eines revolutionären Subjektivismus. Brutaler Lebensgenuß und Lebenslust daneben
(Abb. 107). Piloty und Makart sind in Deutschland, Delaroche und sein Kreis in Frankreich
die Helden der offiziellen Welt. Äußerliche Pracht, äußerliches Wissen, das Artistentum
des Könners, das die Welt am Panorama entzückt und die Kunst zum Teil zur Dirne des
gemeinen Genusses des Auges macht. Der radikale Subjektivismus einer kraft- und ziel-
bewußten jungen Künstlerschaft ruft daneben nach Freiheit und Wahrheit für Kunst und
Künstler (Abb. 106). Man kümmert sich nicht mehr um die überlieferten akademischen Regeln,
zeigt die Freiheit der Natur, belauscht sie in der Zwanglosigkeit des Moments, man prägt sich
einen neuen Begriff der künstlerischen Schönheit und entdeckt einen neuen Inhalt ihres Geistes
(Abb. 109 u. 110). Der Materialismus der neuen und der romantische Idealismus, das Erbe der
alten Zeit, geben in ihrem feindlichen Gegensatz dieser Epoche ihr historisches Antlitz: Zola
und Hebbel, Liebermann und Böcklin, Nietzsche und Wagner. Hier die materialistische Lehre
von der Körperlichkeit der Welt, die Erklärung des Gedankens als physiologisches Produkt, die
Unverantwortlichkeit des individuellen Willens gegenüber der geistigen Schwerkraft von Vererbung und Umgebung, die Mechanisierung alles Geschehens und die rationalistische Erklärung des Weltalls aus der Konstanz der Energie, der gleichmachende Vitalismus, der Tier,
Pflanze und Mensch auf einen Nenner des Lebens bringt, dort der Notschrei des vereinsamten Subjektes, das das geistige Fundament der Vergangenheit sich unter den Füßen
schwinden sieht und nach den sicheren Zeichen einer Halt gewährenden geistigen Gesetzlichkeit sucht. Mit tiefer Bitternis bekennt Ibsen in Rosmersholm: das Leben ohne Ideale
zu leben, das ist das große Geheimnis des Handelns und Siegens, und Nietzsche verkündet
im verzweiflungsvollen Stolz das Manifest der Zeit: „Ich will kein Suchender mehr sein. Ich
will für mich meine eigene Sonne schaffen." Hier wird die Kunst zu einer besonderen

Abb. 106. Seurat, Skizze zur Grande Jatte, Sammlung Fénéon, Paris
(aus Maier-Gräfe, Entwicklungsgeschichte der modernen Kunst).

Wissenschaft künstlerischer Erkenntnis, einer Wissenschaft der Tatsachen (Manet), dort, besonders bei den Deutschen, erhebt sich die Kunst zur Religion (Wagner). Hier ist das menschliche Subjekt nichts anders als Farbfleck gegenüber dem alles gleichmachenden Auge des Künstlers (Impressionismus, Abb. 106), dort tut sich die ganze Kluft auf zwischen dem beschränkten Einzeldasein, seinem Willen und dem Weltenwillen, der hier als stolzes, grauenhaftes, gewaltiges Naturleben (Abb. 104), dort als teuflische, unheilschwangere Vitalität (Abb. 105), gebettet in die Unnatur des menschlichen Lebens der Zivilisation erscheint. Die Welt und das Leben werden für die Kunst problematischer Natur. Die alten Inhalte versinken und ahnend tastet man nach neuen. Der Impressionismus andrerseits bereitet durch die radikale Neufundamentierung der künstlerischen Anschauungen auf der reinen Welt der Erscheinung neue Möglichkeiten für die Gestaltung des Weltbildes vor. Die wertfreie Erkenntnis der anschaulichen Zusammenhänge, die hier der naturwissenschaftliche Geist nach sich zog, war ja eben vom Neuhumanismus schon gefordert, und innerhalb der Grenze anschaulicher Erkenntnis ging schon der Impressionismus auf die anschauliche Ganzheit des Geschauten jenseits rationaler Gegenstandserkenntnis aus, um erst auf Grund einer k ü n s t l e r i s c h e n Logik sich verständlich zu machen. Freilich war diese künstlerische Logik auf einer dogmatischen Lehre vom „Sehen“ und den optisch-physiologischen Gesetzen der Lichtbrechung und damit auf einer n a t u r w i s s e n s c h a f t l i c h e n L e h r e aufgebaut.

Sie riß somit vieles nieder und schuf vieles Neue. Aber ihr Wert besteht eben in dieser radikalen „R e i n i g u n g d e r k ü n s t l e r i s c h e n e n E i n b i l d u n g s k r a f t“, die W. v.

Abb. 107. Makart. Abundantia. Die Gaben des Wassers.
(Phot. Photographische Gesellschaft Berlin.)

Humboldt gefordert hat, durch die der Künstler als geistiges Subjekt in nie gesehener Unmittelbarkeit s i c h zugleich zu gestalten vermag. Es war nur ein Schritt v o m G e i s t i g e n d e s s c h a f f e n d e n S u b j e k t e s z u m G e i s t i g e n d e s O b j e k t e s, v o m G e i s t i g e n d c s G e s t a l t e n d e n z u m G e i s t i g e n d e s G e s t a l t e t e n.

Von F r a n k r e i c h ist der Ruf ausgegangen. Die Naturwissenschaft siegte zunächst auf der ganzen Linie. Die Welt, das Denken, das Leben erscheint als grandioser M e c h a n i s m u s, in dem der O r g a n i s m u s der Seele verschwindet. Denn für die Naturwissenschaft besteht kein Unterschied zwischen Himmel und Erde, für sie ist die Welt einheitlicher, universeller Natur. Nüchtern sachlich will die neue Kunst sein, Spanier und die Niederländer stehen an Stelle der Italiener (Raffael u. a.) Paten. Auf einer neuen Physiologie des Auges gründet sich das Programm der neuen Kunst. Nur was das Auge „sieht" — die Metamorphose des farbigen Lichtes — ist Wahrheit, ist einziger Inhalt auch für die Kunst (Abb. 106). In dieser Idee e i n i g t sich kraft der sinnlichen Vorstellungseinheit des Subjektes alles Lebendige im Bilde, liegt für die Kunst das künstlerische, geistige Leben. Wo der Expressionismus, wie etwa in der Kunst Delacroix' vorher Wurzel zu fassen begonnen hatte, wurde er, wie etwa in dem Porträt (Abb. 109), radikal ausgetilgt. Während Delacroix mit heftiger Leidenschaft die Silhouetten der Gestalt zu sensibler Ausdruckskraft zusammenreißt (Abb. 108), zu einer fast imaginären Weiträumigkeit, stellt Manet die gegenständlichen Einzelheiten in scharfem Winkel, scheinbar Gleichgültiges gleichgültig nebeneinander, um aus dieser Freiheit und Zwanglosigkeit den Adel des künstlerischen Systems rein zur Erscheinung zu bringen. Dem Affekt einer irrationalen Geistigkeit stellt er die Stille und Indifferenz des Alltags, nicht wie er sein soll, sondern so wie er ist, als überpersönlichen Lebenszustand gegenüber. Deshalb dienen Licht und Schatten in ihrem scharfen motivischen Wechsel nicht der Gebärde der Persönlichkeit, sondern dem Gedanken des m a l e r i s c h e n B i l d g a n z e n. Es waren im Grunde Ideen des 18. Jahrhunderts, die hier ähnlich der Lehre Humes Gestalt gewinnen: All unser Wissen beschränkt sich auf die Konstatierung von Impressionen und auf die Verhältnisse dieser Vorstellungen zueinander; daneben die Lehre Leibniz', vor der klassizistischen Umdeutung durch Baumgarten, wonach den sinnlichen Vorstellungen eine gewisse eigenartige Vollkommenheit beikomme, welche von der Klarheit und Deutlichkeit des Verstandes unterschieden sei. Daher die Vorliebe für gegenständlich gleichgültige Vorwürfe, die dem „V e r s t a n d e" n i c h t s, dem „Auge" a l l e s geben will.

Abb. 108.   Delacroix, Paganini
(aus Meier-Gräfe, Entwickl.-Gesch. d. mod. Kunst,
Verlag R. Piper & Co., München).

Abb. 109.   Manet, Der Künstler Marcelin Desboutin
(Berlin, Sammlung Arnold, Phot. Durand Ruel).

Diese neue Generation mit ihrer impressionistischen Gestaltungsweise frägt nicht nach dem Wesen des Sichtbaren, sondern nach der Natur der Sichtbarkeit, nach dem Gegenstand der rein sinnlichen Wahrnehmung im Gegensatz zur verstandesmäßigen Aufnahme der Welt. Insoferne war die Grundlage dieser künstlerischen Weltanschauung materialistischer Natur und fußt auf einer dualistischen Auffassung des Weltbildes. Aber diese völlige Verschiebung im Material des anschaulichen Denkens brachte auch eine prinzipielle Verschiebung in den Formen mit sich. Die kritizistische künstlerische Selbstbesinnung, kraft deren man mit resolutem Wesen die Erscheinung an sich und ihre spezifisch erscheinungsgemäße Ordnung suchte, zeitigte nun erst völlig ihre reinen Früchte. Doch diese „impressionistische Kunst“ begnügt sich nicht theoretisch, nur den Realismus zu spezifizieren, sie adelt ihn zugleich durch den Ernst und die Reinheit ihrer Gesinnung. Dadurch unterscheidet sich diese „Eindruckskunst“ von den „impressionistischen“ Richtungen, vor allem der deutschen Kunst der vorangegangenen Periode; ihr künstlerischer Wahrheitsdrang wird getragen von dem ganz persönlichen künstlerischen Verantwortungsgefühl und dem ganz persönlichen, viel schärfer sich aussprechenden künstlerischen Selbstbewußtsein und Selbstbestimmungsrecht. Jeder will sich selber Rechenschaft gegenüber Sinn und Wert seines künstlerischen Daseins geben. Das Bild erhielt damit seinen neuen Wert als bloßes Resultat des individuellen künstlerischen Denkens. Diese hierdurch sich ergebenden G r e n z e n des „Künstlerischen" legten somit wohl die neue Arena für den Kampf der Geister auf diesem Gebiete fest, aber die objektive Gesetzlichkeit der sinnlichen Wahrnehmung erhielt von vorneherein ihren Wert erst durch ihre s u b j e k t i v e Anwendung (vergl. Abb. 106 mit Abb. 110). Auch das war ein Erbteil der Romantik. In Frankreich vor allem hieß das G e i s t i g e der e i g e n e n k ü n s t l e r i s c h e n P e r s ö n l i c h k e i t v e r w i r k l i c h e n : in einer bestechenden künstlerischen Phraseologie des farbigen Lichtes, in den immer neuen Erfindungen künstlerischer Einheitsideen sich gefallen. Über die Banalität des Dargestellten triumphiert die n e u e S c h ö n h e i t s l e h r e des farbigen Lichtes.

Die kunst- und kulturgeschichtliche Bedeutung dieser Kunst beruht daher darin, daß sie mit einem genialen Radikalismus einer revolutionären Zeit aus dem Geiste der s i n n l i c h e n V o r s t e l l u n g heraus unabhängig von aller empirischen Gegenständlichkeit rein die objektive Formgesetzlichkeit der anschaulichen Wahrnehmung als Ordnungsmittel der Erscheinung sich erkor und das „Geistige" in der subjektiven Anwendung dieser Ordnung suchte. Es wäre daher falsch, zu sagen, in der impressionistischen Kunst spiele der Gegenstand der Darstellung keine Rolle. Nur der G e g e n s t a n d des k ü n s t l e r i s c h e n D e n k e n s hat sich verschoben.

So betrachtet stellt sich die impressionistische Kunst zunächst als eine Wirkung der Weltanschauung des 18. Jahrhunderts dar: Sie sucht die vernünftige, a b s o l u t e W a h r h e i t der Kunst und findet diese in einer r a t i o n a l e n O r d n u n g d e r F a r b e r s c h e i n u n g schlechthin. In einem freien Kombinationsvermögen genießt aber zugleich die künstlerische V e r - n u n f t s i c h s e l b s t. Das ist das eigentlich Moderne an ihr. Das „Savoir pour pouvoir" ist doch das Machtgefühl des modernen praktischen Intellektes, das sich hier künstlerisch bespiegelt. Nur fehlt das subjektivistische Pathos der Romantik, das der überlegenen Ruhe eines disziplinierten sozialen Geistes weichen mußte, der das Wesen und die Einheit des Naturlebens in der passiven Gleichartigkeit alles Individuellen erkennt.

Diese Kunst für den Kundigen war das Symbol für eine k ü n s t l e r i s c h e G e m e i n - s c h a f t d e s G e i s t e s für ein neues V e r h ä l t n i s v o n I n h a l t u n d F o r m, soferne man eben den herkömmlichen Inhalt und seine historisch-theatralische Phraseologie ausschaltete und die F o r m des künstlerischen Geistes anschaulich möglichst rein zu erfassen sich bemühte.

Frankreich und Deutschland unterscheiden sich trotz starker künstlerischer Berührung grundsätzlich voneinander. In Frankreich verliert sich die offizielle Kunst in die ödeste theatralische Phraseologie, während die „Kunst der Künstler" in dieser Periode hier ihre edelsten und feinsten Früchte treibt. Diese französische Kunst ist der verhätschelte Liebling fast der ganzen Welt geworden. Sie kam wie keine dem naturwissenschaftlichen Geist der Zeit entgegen, und als dieser Geist des 18. Jahrhunderts am lebendigsten war, feierte sie wie damals noch einmal ihre herrlichsten Triumphe. Was diese Kunst charakterisiert, ist ihre ausschließliche Beschäftigung mit formalen Problemen. Es ist die Sicherheit und Stille eines überlieferten wohlgepflegten und feindisziplinierten künstlerischen Sinnes, der ihr das Gepräge klassischer Größe und bei aller Modernität und reicher Empfindsamkeit die stolze Ruhe der Zeitlosigkeit gibt. Manets Olympia drückt das am klarsten aus (Taf. III). Doch diese Siegesgewißheit, kraft deren sich die ganze französische Kultur in völliger nationaler Abgeschlossenheit verhielt, ist auch der Kunst schließlich zum Verhängnis geworden. Denn weder van Gogh noch Picasso sind Franzosen. Die französische Kunst war und blieb das geistreiche Spezialistentum eines rassigen und höchstsensiblen Künstlerästheten, des „Kenners", unendlich reich und fein in ihren individuellen Schattierungen, grandiós einseitig, versandet

Abb. 110. Manet, Vor dem Stehspiegel. Phot. Durand Ruel.

sie gewissermaßen in dieser Einseitigkeit. Sie hatte fast die ganze Welt befruchtet, ohne doch selbst von dieser übrigen Welt Notiz zu nehmen. Es scheint, daß Frankreich, als diese neue Welt sich kulturell und künstlerisch neue Formen und Symbole prägte, überrascht und überflügelt wurde. Bei Manet macht sich überhaupt trotz aller scheinbaren Gegensätzlichkeit zur Welt der Raffaelischen Renaissance die heimliche Liebe zu dem stolzen Pathos ihres Selbstgefühls, dem Wuchtigen, Massigen ihrer Sprache, am meisten geltend. Sein künstlerischer Protest galt im Grunde den Klassizisten und ihrer A u s l e g u n g des Erbes, nicht dem E r b e s e l b s t. Das Monumentale ist die Eigenschaft seiner Bildkompositionen. Es haftet der anschaulichen Welt der Dinge an, gewissermaßen unter Umgehung ihrer geistigen Individualität. Diese heimliche Größe der Erscheinung jenseits des persönlichen Wollens, diese heilige Zuständlichkeit eines absoluten Seins, das auch das Banalste adelt, gibt Manets Schöpfungen ihren klassischen Charakter. Der jüngere Impressionismus ist zusehends enger in seinen Horizonten, schwächer in seinen Lebensäußerungen geworden, wenn auch umschattet von einer künstlerischen Dekadenz noch immer glänzend, edel und voll „esprit" in den Einfällen. Kokett, weicher, schmeichlerischer kann der jüngere Impressionismus seine Herkunft aus dem 18. Jahrhundert nicht mehr verleugnen. Dekas (Abb. 111) begann damit, Monet, Renoir folgten. Ein entzückender, rassiger Mikroskosmos des modernen künstlerischen Subjektivismus. Das Feinnervige, Feinmaschige dieses subjektivistischen Mikrokosmos wird bei Pissaro (Abb. 112) wie Monet u. a. besonders deutlich, wenn man Leistungen wie diese neben solche Manets (Abb. 113) hält, dessen phrasenlose Sachlichkeit eines fast kindisch schlicht sich aussprechenden Künstlertums viel weniger als der fast intime Zauber und der verschwiegene Reichtum anzieht, versteckt hinter der sonnigen dinglichen Alltäglichkeit. Für Manet ist das Leben einfach Lebendigkeit, aber weder sentimental noch banal, sondern in sich selber kreisend, weder eng noch weit, noch glücklich noch bedrückt, ohne dramatische Differenzierungen in seiner eigenen olympischen Heiterkeit und Sicherheit, aber ohne Götterpose und ohne achtungheischendes Selbstbewußtsein, sich selber still verklärend. Diese unausgesprochene Ehrfurcht vor der Erscheinung der Dinge wird zur heftigen Liebe zu den Dingen selbst bei der jüngeren Generation dieser Periode. Die Grazie der Linien eines Degas umschmeichelt charakterisierend den Gegenstand (Abb. 111) und gibt ihm jene heimlich-rassige, erotische Vitalität, begleitet von der flimmernden Leidenschaft der Farbe, deren mystische Unberechenbarkeit einer tausendfältig zersplitternden und doch sich selber tragenden köstlich dahinströmenden Sinneskraft das Eisige eines souverän sich fühlenden Verstandes wie das imaginär Weite, Dämonische eines ungezügelten Triebes zugleich umfaßt. Deshalb steigt hinter diesem inhaltlichen Mikrokosmos die große Liebe zu den Dingen und die Erkenntnis von der Irrationalität einer aus ihnen von innen herausstrahlenden

Abb. 111. Degas, Nach dem Bad, Paris, Sammlung Ad. Tavernier (Phot. Durand Ruel, Paris).

Lebenskraft auf, die Degas wie funkelndes Lichtgeschmeide in der glücklichen Geberlaune des überreichen Besitzers, aber doch „mit jenem halbwachen Auge des Mystikers verstreut, der in dem Gewoge der Gegenwart die unfaßbare, gewissermaßen untermenschliche Ganzheit alles Lebendigen ahnt" (Stefan George). Auf diesen gleichmachenden Atem der Dinge, ihre sie einigende untermenschliche Vitalität, hat Pissarro, auch Cézanne hingewiesen. Nur ist er wie Hodler in den Sphären des Übermenschlichen schließlich gelandet.

Die neue Zeit! Deutschland ist Großmacht geworden. Zunehmende Stärke, zunehmende Sicherheit in der Verfolgung der künstlerischen Ziele, immer eigenwilliger, gewaltsamer, gewaltiger treten die einzelnen Persönlichkeiten hervor. Sie glänzen viel weniger in der geistvollen Meisterschaft des künstlerischen Vortrages, desto ernster ringen sie mit der Verwirklichung eines sprudelnden Naturells von überquellendem Kraftbewußtsein. Man fühlt die Männer der Tat. Auch da wo Frankreichs Kunst Pate gestanden hat, bei Liebermann, Uhde und ihren Epigonen, spürt man das Leidenschaftliche einer brutalen Willensenergie, die sich an der Blitzartigkeit des Momentanen entzückt (Abb. 114). Wo Delacroix sich in den ewigen Strom des Lebens mit der Inbrunst des Mystikers wirft, erschaut man hier das Gesicht des Lebens in einer Sekunde seiner Selbstverwirklichung. Das Bild wird immer mehr Gebärde einer durchgeistigten, von innen heraus geschaffenen Wirklichkeit. Das

Abb. 112.   Pissarro, Boulevard des Italiens am Morgen, 1898
(aus Meier-Gräfe, Kunst des 19. Jahrh.).

Abb. 113.   Manet, Die Pflasterer der Rue de Berne
(aus Meier-Gräfe, Entwicklungsgeschichte der modernen Kunst).

verbindet Böcklin und Liebermann. Sie machen vor den ästhetisch-formalen Problemen nicht halt, ihr Sinnen geht tiefer. Sie fragen nach den Inhalten der Form und kommen so auf ihre Weise selbständiger zu einem Expressionismus, der aus der kleineren Welt des Alltages frühzeitig in kosmische Weiten drängt, wenn auch die Sentimentalitäten der ersten Hälfte des 19. Jahrhunderts noch lange nachwirkten. Man kann daher die Kunst dieser Zeit nicht nach den Schaffensgrundsätzen der französischen beurteilen. Ihre Lehren machen verhältnismäßig spät erst seit den siebziger Jahren sich hier nachhaltig geltend und haben nie unter der jüngeren Generation jene ausschließliche Geltung wie in Frankreich gefunden. Das mag zum Teil an der Art des deutschen Denkens und Empfindens liegen. Die Kunst konnte hier trotz der heilsam reinigenden Lehren Adolf Hildebrands und Hans von Marées' nie bloßes Objekt der f o r m a l e n S y s t e m a t i s i e r u n g werden wie in Frankreich, das Bild war und blieb

Abb. 114. Liebermann, Polospiel, Radierung
(aus Meier-Gräfe, Entwicklungsgeschichte der modernen Kunst)

hier immer ein Organismus, dessen innere Gesetzlichkeit an den auch stofflich viel stärker wirkenden Gegenstand der Darstellung gebunden erscheint. Die malerisch wirksame Bildordnung ist viel seltener das Ziel der Gestaltung, als vielmehr Verwirklichung der Geistigkeit des Gegenstandes. Wie viele Historien malt der junge Trübner, wieviel hat Uhde von der heimlichen Sentimentalität des Alltages zu erzählen. Auch Liebermann ist in dieser Hinsicht Deutscher. Seine Bilder haben gegenüber den Franzosen das Rigorose des Eigensinnigen, Eigenwilligen. Das Individualitätsbewußtsein wirkt in seinen Bildern stärker als der Geistestypus einer neuen künstlerischen Weltauffassung, wie ihn die Franzosen darzubieten wissen. Solche Figurensilhouetten (Tafel V), wie mit dem Beil roh zurecht geschlagen, wird man in der französischen Kunst nicht finden, Manets Umrisse erscheinen daneben von einer sanftmütigen Weichheit. Und doch liegt „Tradition" in dieser Schwerstämmigkeit subjektivistischen Kraftbewußtseins. Selbst in Menzels Landschaft (Tafel IV) steht die Kurve des Raumes über der dunklen Bodenwelle im Vordergrund gegen die einstürzenden Lichtmassen des Mittelgrundes so scharf, wie wenn die Axt da entlang gelaufen und in den Körper der aufgerissenen Erde gefahren wäre. Dazu liegt ein heimliches Leid in dieser erdenschweren Stumpfheit und doch eine robust bäuerliche Derbheit, die keine Krankheit der Seele aufkommen läßt. Auch die ganze Raumauffassung ist eine andere und steht gewissen Gestaltungsgrundsätzen japanischer Bildwerke näher als irgend ein französisch-impressionistisches Bild. - Derartige, halb in Niedersicht, halb in Profilansicht erscheinende französische Bilder (Abb. 112 u. 113) ruhen hier vielmehr in einem

Abb. 115. Leibl, Bildnis des Malers Szinyi
(aus Meier-Gräfe, Entwicklungsgeschichte der modernen Malerei).

imaginären Bildmittelpunkte verankert innerhalb der B i l d g r e n z e n. Bei den Deutschen drängen sie nach vorne und hinten, oben und unten über das Bild hinaus in einer verhaltenen Dehnung mit heimlichem Hang zum Monumentalen der Masse, die gewissermaßen nur die Hülle für eine im Irdischen wirkende i r r a t i o n a l e Lebensenergetik bildet.

Deshalb ist der Gegensatz dieser Gestaltungsart gegenüber der Kunst Hans von Marées' (Taf. V) unter dem Gesichtswinkel eines typischen, n a t i o n a l sich abgrenzenden künstlerischen Denkens nicht so grundsätzlicher Art, wie dies bei einer bloß ästhetischen Wirkung des individuellen künstlerischen Systems scheinen möchte. Denn in diesem wohlgegliederten Bildgebäude mit seinen stillen melancholischen Rhythmen, dem verhaltenen Glanze des Lichtes vor der heiligen Nacht samtener Schatten wird doch alles zur Gebärde eines Lebens — der Organismus des Bildes ist auf das segnende Christkind in der Mitte eingestellt —, das seinem Schauplatze wie seinen

einzelnen Gegenständen nach über eine bloß rational geordnete Wirklichkeit hinausdrängt. Die Bildordnung ist nicht bloße O r d n u n g oder ästhetisches oder malerisches P r o g r a m m, sondern ein mythisches Element der Wirklichkeit, vor dessen heiliger Wesenstiefe die Stumpfheit wie die Wirbel des Daseins versinken und die Natur zum Gebete in einer atemlosen, das Unendliche suchenden, aus Dunklem strahlenden Kraft werden läßt, die, selbst vom Geheimnis des Zieles ihrer Sehnsucht durchdrungen, vom Wundersamen ihrer Abkunft spricht. Bei Liebermann ist das Unendliche das zunächst r ä u m l i c h objektivierte, inhaltslose P h ä n o m e n der E r s c h e i n u n g. Bei Hans von Marées hat das „Unendliche" einen ethischen, das Religiöse streifenden Inhalt, es ist bestimmende irrationale, unpersönliche Eigenschaft, die allem Rationalen und Individuellen, es heiligend, anhaftet. Was mithin den deutschen Bildern eignet, ist einerseits ein größeres subjektivistisches Unterscheidungsbedürfnis, dabei aber doch ein uralter, aufs Sachliche, Dingliche, Stoffliche dringender, oft pedantischer, oft leidenschaftlicher Erkenntnistrieb und eben deshalb ein viel intensiverer Hang zum Metaphysischen, ein Kraftüberschwang, der bei allem Tun und Denken an den inneren Hem-

Abb. 116. Trübner, Waldinneres.

mungen der Erdenschwere und Erdenliebe leidet. Deshalb haben die Gegenstände der Darstellung hier immer ein inneres Plus an Lebenskraft, eine seltsam gebundene Energetik, etwas seltsam Waches im Wesen, kampfbereit, tatendurstig, eine geistige Potenz, die den Rahmen der Bildform nicht selten wie den Körper zu sprengen scheint (Abb. 115). Auch die Farbe tut mit. Keiner ist in diesem Sinne als „Impressionist" mehr Deutscher gewesen als Leibl. Das Bildnis des Malers Szinyi ist in Haltung und Geste des Mannes geistig so „inhaltlos" wie jede Schöpfung klassischer französischer Kunst, aber diese Rembrandtsche Wucht und Größe förmlich sich türmender Farbmassen gibt dem Bilde und dem Dargestellten eine extensive, ans Stoffliche gebundene und doch metaphysische Gewalt, wie sie kein Franzose, weder Manet noch Courbet, erreicht hat. Die Struktur und die geistvolle Abwandlung der ineinandergreifenden Motive treten ganz zurück, um den Gegenstand der Darstellung zu adeln.

Der Gegenstand will jedoch nicht bloß ein Bild sein, sondern das Bild will dem Gegenstande dienen als einem geistigen Komplex. Der Wald ist Trübner (Abb. 116) nicht ein bloßer Farbkomplex, kein Beispiel für ein Lichtproblem; das Licht ist ihm Mittel zum Zwecke der Schilderung des Lebensreichtums, der in dem unüberschaubaren Vielfachen der Baumindividualitäten stark sich ausspricht. Die Energie der Farbe dient dem Wesen des Gegenstandes.

Auch Böcklin muß unter diesem Gesichtswinkel betrachtet werden. Die beiden Bilder gleichen Gegenstandes (Abb. 117 u. Abb. 118) sind mit die ersten „Freilicht"-Bilder dieser Periode und doch erklärt sich der Unterschied in der malerischen Darbietung nicht durch ein nur

Abb. 117. Böcklin, Panischer Schreck
München, Schackgalerie

Abb. 118. Böcklin, Panischer Schreck
München, Privatbesitz

(Phot. F.Bruckmann A.-G., München).

„malerisches" Formenproblem an sich, sondern durch den Willen zu einer wirksameren k ü n s t-
l e r i s c h e n Darbietung des Geistigen des E r e i g n i s s e s. Der panische Schreck, der in dem
Bilde der Schackgalerie mehr in den Bildlinien auf die Gebärde der vorwärtsstürmenden
Hauptperson eingestellt ist, wird in dem jüngeren Bilde gewissermaßen zum Bildmotiv: der
S c h r e c k s c h l e c h t h i n, das Auseinanderplatzen, Zerfahren erhält in diesem Zerfahren, Zer-
platzen der Lichter und Schatten eine künstlerische Bildgestalt, die geistiger Natur geworden
ist, ohne Rücksicht auf die Gefälligkeit der Bildform. Aus diesem Grunde ist das Verhältnis zur Antike und zur Renaissance dort, wo man an ihren Werken zu lernen suchte,
auch ein prinzipiell anderes wie bei den Franzosen. Man begnügt auch hier sich nicht
mit der gefälligen Geschlossenheit eines künstlerischen Systems, sondern sucht nach der A u s-
d r u c k s m ö g l i c h k e i t für die geistige Ganzheit der Dinge. Deshalb sind Hans von Marées'
Werke keine klassizistischen Erneuerungen antiker Formprobleme, sondern eine A u s d r u c k s-
k u n s t, die über der rationalen Gesetzlichkeit des Daseins die ins Mythische spielende Weihe
eines höheren Lebensprinzips gewinnt (Taf. II, V u. Abb. 25). Marées entkleidet die Kunst
Feuerbachs ihres historischen Gewandes, nimmt der Böcklins die Brutalität stofflicher Wirklichkeit. So wächst er über beide hinaus zu einem der großen Deutschen, die mit Hodler den
Bau der nationalen Gegenwart mit haben begründen helfen. Was daher dem Impressionismus der Deutschen sein besonderes künstlerisches Gesicht gibt, ist der hier viel stärker
und ursprünglicher zur Gestalt gelangende n o r d i s c h e, gotische Geist und in ihm die
Rudimente der überlieferten a s i a t i s c h e n Welt.

Die Freude über die „Gerechten" muß freilich bei dem Deutschen besonders groß

Abb. 119. Burne Jones, König Cophetua und die   Abb. 120. Edward Hornel, Geisha
          Bettlerin   (aus Muther, Geschichte der englischen Malerei).

sein, nachdem die Maskerade der offiziellen parvenühaften Kunst zum mindesten in dieser
Zeit aufdringlich auf Straßen und Plätzen schlimmer noch als in Frankreich sich breit
machen durfte. —

England beginnt damals schon auf dem Gebiete der Plastik und Malerei in den völligen
künstlerischen Marasmus zivilisatorischer Blasiertheit zu fallen; in keinem, keinem Land der
Erde ist eine so oberflächliche, süßliche Sentimentalität und schauspielerische Weltschmerz-
lichkeit dazu berufen, den brutalsten Materialismus zu ummanteln. Die ans Artistische

zumeist grenzende technische Geschicklichkeit vermag nirgends über die innere Verlogenheit
und Hohlheit, nirgends über den Unverstand hinwegzusetzen, der hier an dem heiligen
Erbe der kontinentalen Vergangenheit sich versündigt. Muther, der nirgends so wie in seiner
Darstellung der englischen Malerei den Masseninstinkten entgegenkam, fand hier ein allzu-
bequemes Illustrationsmaterial für das, was Mädchen, die vom Backfisch zur Jungfrau reifen,
mit heimlichem Gruseln sich erzählen lassen (Abb. 119). Dieser widerliche Eklektizismus, der
aus aparten Kunstwerken der Vergangenheit, jeder ursprünglichen Zeugung unfähig, sich
seine Helden und Heldinnen zusammensetzt, im heimlichen perversen Genusse der halbver-
hüllten und halbentwickelten Reize schwelgt und dabei mit dem frömmelnden Auge des
Pietisten die heilige Andacht der Seele zum Komödiantentum erniedrigt, ist so ziemlich das
schlimmste, was an der Peripherie europäischer Kultur gewachsen ist.

Wenn Muther seiner pervers schwelgenden Schilderung dieses Bildes hinzufügt: „Auf das Freudentum
folgt das Kloster. Unfähig, noch irdische Wonnen sich zu bieten, lechzt man nach mystischen Genüssen“,
streift er bereits die Wahrheit (Lord Bryon!), deren Kern von Beardsley dann so schonungslos bloßgelegt
wurde (Abb. 121). In Beardsley persifliert sich die englische Kunst und ihr kulturelles Milieu selbst.
Die englische Malerei ist bis auf die Gegenwart nicht über das Theater hinweggekommen, besonders dort,
wo sie ganz realistisch und aufrichtig sein wollte (Holman Hunt).

Was später von der „englischen“ Malerei (Abb. 120) am Ende der achtziger Jahre kam,
ist s c h o t t i s c h e n Ursprungs, wenn freilich auch diese „Boys of Glasgow“ mehr eine sympto-
matische Bedeutung für den Wandel des Geschmacks, kunstwissenschaftlich gesprochen für
neue Vorstellungsmaterialien und Anlehnung an die Kunst des Orientes (Japan) auch ein
geschichtlich nicht gering zu veranschlagendes Interesse haben. Der Impressionismus ist hier
aus dem sogenannten „Dekorativen“ nie recht herausgekommen. Die beste, wenn auch keines-
wegs unbestrittene Gabe brachte freilich die englische A r c h i t e k t u r und das K u n s t g e -
werbe dar, denn hier führten die nationalistischen Bestrebungen nicht auf die kirchlichen Stil-
formen des Kontinentes, sondern auf die uralte englische bürgerliche Kunst zurück, die nicht
gotisch im historischen Sinne war, sondern st reng und einfach die Form aus der Struktur des
Ganzen gewann.

Abb. 121. Beardsley, Begräbnis der Psyche
(Eßwein, Moderne Illustratoren).

Abb. 122. Hodler, Holzfäller
(nach Burger, Cézanne und Hodler. Mit Genehmigung des Verlages R. Piper & Co., München).

4. Stilperiode seit 1890.

Aus dem idealen hat sich auf wirtschaftlicher Grundlage ein praktischer Kosmopolitismus herausgebildet. Weltsprache, Weltfriede und Weltkrieg! Der Erdball scheint zu klein geworden für die Riesen, die um seinen Besitz sich streiten. Nationale Politik ist Weltpolitik geworden, jeder Staat hineinverbaut und hineingewiesen in den Strudel eines titanischen Lebens. Zahlen, Größen, märchenhafte riesenhafte Organisationen! In ihnen versinkt Wert und Wille des Einzelnen, ja Wert und Bedeutung dessen, was man im alten Sinne Nationalitätsbewußtsein, Vaterland, nannte, und doch war nie der Einzelne so sehr an seinen Bestand, an seine Größe oder an seine Erniedrigung gekettet wie jetzt. Das Fatum, der überpersönliche Wille

Abh. 123. Van Gogh, Landschaft (Phot. Druet, Paris).

spielt eine neue Rolle im Denken und Empfinden. Die Handlung im Bilde ward zum Symbol der Schicksalsmacht, zum Symbol eines überpersönlichen Willens (Abb. 122).

Das künstlerische Subjekt beginnt sich seiner Kleinheit gegenüber der Weite des unüberschaubaren Weltendaseins bewußt zu werden und will nur den bescheidenen Vermittler ihres übermenschlichen Wesens machen.

Je gewaltiger die Erfolge des praktischen Intellektes durch die empirischen Wissenschaften geworden, je größer der Sehraum unseres geistigen Auges, um so bescheidener unser Persönlichkeitsbewußtsein, um so geringer schien das Interesse an unserer Menschlichkeit, um so größer die heimliche Liebe zu den Wundern der kosmischen Gesetze. Klein begann die Menschheitsgeschichte gegenüber jenem Drama des Kosmos zu erscheinen, wie es der Astronom Flammarion in ergreifender Weise geschildert hat, wo das Planetensystem unserer Sonne mit ihrem feinen, in Nebel sich verlierenden Mittelpunkte — der Milchstraße, von der ein Lichtstrahl erst in fünfundzwanzigtausend Jahren uns sichtbar wird — durch ewig undurchdringliche Staubwolken, durch andere noch fernere Weltensysteme getrennt, von ihnen wieder vernichtet wird. Diesem Makrokosmos gegenüber jener zauberische Mikrokosmos radioaktiver Strahlen, die Atome vernichten, um Millionen neuer Wesen zu gestalten. Wohl sind in diesem neuen Reiche der Riesen und der Zwerge alle faßbaren Einzelheiten nur mattblinkende Lichter, die aus dem Dunkel rätselhafter Ewigkeiten unser staunendes Auge grüßen. Und umgekehrt, alle einzelnen Dinge umdunkeln durch die mystische Weite ihrer Weltverbundenheit (Abb. 124). Aber die Ordnung dieser Unendlichkeiten hat der Ewigkeit eine neue Gestalt und neues Leben jenseits der kirchlichen Historie und ihrer materialen Symbolik verliehen. Mit scheuer Andacht greift die neue Zeit

Abb. 124. Delaunay, Eiffelturm (Phot. Druet, Paris).

die zarten Fäden auf, die sie mit diesen dunklen Größen verbinden. Die Wissenschaft hatte unermüdlich einen goldenen Berg von Wissensmaterialien dem hungernden Geschlechte aufgetürmt, und doch mußte es erkennen, daß uns diese „allgemeine Bildung" zum Sklaven eines Stoffes erniedrigte, dessen Grenzenlosigkeit ihn sinnlos machte. Schon Herder hat dies tief empfunden, als er „durch den dichten Wust der Voreingenommenheit nach der unverstellten Jugend der menschlichen Seele" seufzte. Auf den stolzen Höhen der Zivilisation beginnt jetzt die Zeit, um das Organ der Kindheit zu trauern, das den einzelnen mit den Dingen hat eins werden lassen, und geblendet von dem grellen Schein des Tages sehnt sie sich in die

Abb. 125. E. Munch, Landschaft (Phot. Verlag R. Piper & Co., München).

nebligen Sphären kindlicher Traumwelt zurück, in der alle Dinge leben, ihre Sprache gewinnen, um von ihrem Wunderreich und unserer Einsamkeit zu erzählen. Die Wissenschaft des praktischen Intellektes wird so in dem Augenblicke ihrer höchsten Triumphe von der Kultur entthront. Henry Bergson kommt zu dem Ergebnis, daß die Wissenschaft eine willkürliche Welt endlicher und beschränkter Symbole sei, während die Philosophie das Wissen vom Absoluten des Lebens, von der reinen Zeitdauer alles dessen ist, was der abstrakten Wissenschaft widerstrebt. Denken wird zur künstlerischen Intuition der Persönlichkeit, und das künstlerische Schaffen macht die Resultate des philosophischen Denkens zu dem problematischen Inhalt seiner Gestaltung. Ein Prozeß, der auch die künstlerische Entwicklung von nun ab bestimmt.

Hebbels Lehre, die im Einzelleben nur eine Vermessenheit gegen den Weltenwillen, einen Abfall von seiner inneren Ganzheit erkennt, deren abgründige universale Tiefe er hinter allem Handeln im Drama fühlbar machen will, gewinnt die Bedeutung einer neuen künstlerischen Heilslehre, indes andere, wie Ibsen und sein Kreis, gegen die verlogene Ethik der Zivilisation Sturm laufen und die Fragwürdigkeit ihrer Menschheitsgemeinschaft gegenüber der sie immer und überall verneinenden Stimme der Natur an der Seelennot ihrer Gestalten mit Grauen und Entsetzen beleuchten. Die Macht der Natur erscheint stärker wie die der Konventionen. Der Gedanke von „Milieu und Vererbung" der naturwissenschaftlich-materialistischen Periode steigt in die Sphären der Metaphysik, ja Mystik, empor und wird zur treibenden Kraft irrationaler Naturgeistigkeit (Abb. 123 u. 124). Maeterlinck zaubert diese große Unbekannte in alle Erscheinung hinein. Jenseits von Gut und Böse umspielt sie unsichtbar alles Sichtbare, leitet und lenkt. Baudelaire setzt sie einer schwülen sinnlichen, satanischen Kraft gleich, die immer und überall die Seele in zitternde Schwingungen bringt. Losgelöst von aller geschichtlichen Handlung und ihren nationalen Zusammenhängen, werden die Er-

Abb. 126. Odilon Redon, Der Reiter unterm Mond.

eignisse zu inneren, im Dämmerlicht des Ungewissen sich bildenden Seelenakten, die nur langsam sich zu Willensakten verdichten, um durch stillen Klang einer seelischen Unterströmung oder philosophischen Symbolik in die Tiefe und Weite einer universalen Natur hinauszuweisen. Von der ästhetischen Formulierung der künstlerischen Impressionen, bei denen alles das „Wie", nicht das „Was" bedeutet, schritt man zur künstlerischen Gestaltung des Geistes der Dinge, ihrer unmeßbaren Vitalität fort, sah, gestaltete sie in jenem wundersamen Strömen, das nur in seltenen Stunden hörbar von Welt zu Welten leitet: das Fiebern und Stürmen des Lebens, das alle Dinge zu einem Lebendigen macht (Abb. 123), die geisterhafte Größe ihrer Ganzheit (Abb. 125) die kristallinische Gesetzlichkeit und harte Energetik ihres wundersamen Wachstums (Abb. 124), das Ringen einer zerklüfteten Seele als kosmisches Geistesdrama ist der Inhalt des modernen Naturbildes. An Stelle der „Landschaft" tritt die Natur als geistige Totalität (Abb. 126).

Es war freilich anfangs wie Heinrich Hart schrieb, „die Weltempfindung — Weltanschauung wäre zu viel gesagt — jener Tugend: ein seltsames Gemisch von idealistischer Schwärmerei und negativer Kritik, von Optimismus und Pessimismus, von Gläubigkeit und Hohn, von Überhebung und Verbitterung". Viel Bizarres und Abenteuerliches, das rasch wieder von der Bildfläche verschwand. Die neunziger Jahre waren die Flegeljahre der neuen Zeit und ihre „Jugend" eine Mischung von brutalem Egoismus und kindlicher Gutmütigkeit, die sich mit fröhlichem Behagen auf den hochgehenden Wogen ihrer sinnlichsten und derbsten Instinkte zum Phantasiehimmel des Philisters treiben läßt. Sie hat nirgends amüsantere Früchte getragen

Abb. 127. J. Diez, Neptun
(aus „Die Kunst für Alle", F. Bruckmann A.-G., München).

wie in München, von Stuck bis zu Erler und Diez (Abb. 127). Es war keine Revolution,
die vom Pathos der P r o p h e t e n getragen wurde. Man warf im Jugendübermute zunächst
einmal dem Bau der „Tradition" einfach Tür und Fenster ein, sagte der Allerweltsweisheit
eine fröhliche Fehde an und stärkte und verjüngte den Geist in der tauigen Morgenfrische
eines grenzenlosen Übermuts. Eine kräftige Generation drängte nach: „Tore auf", schrieb Friedrich Lienhard, „ich will kein Programm in Worte spannen! In das Leben der Nation und
des Erdballes hinein, in das Bewußtsein des alloffenen Weltraumes; heraus aus den Hallen
des Formalismus, des vierten Standes der Nervenkunst, der Verstandestheorien, kurz, heraus
aus geistigem, örtlichem und zeitlichem Partikularismus."

Die Stimme der werktätigen Propheten und Bahnbrecher war freilich ganz anderer Natur als die, die diese jugendlich leichtsinnigen Stürmer erwarteten. Ihr Weg führte weit ab von jener sonnenbeglänzten Oberfläche des Lebens, auf der sie sich tummelten.

Bei van Gogh wie bei Nietzsche eine völlige Abkehr von der üblichen Ordnung des Daseins. Mit prophetischer Leidenschaft — Worte und Farben wie abgestoßene Schreie der Verzweiflung oder ein brünstiges Frohlocken des Siegers — projizieren Nietzsche und van Gogh ihr eigenes „Ich" hinein in den Kosmos und vom rasenden Strudel ihrer künstlerischen Phantasie getragen, die alle gegenständlichen stofflichen Unterschiede aufhebt im wilden Getümmel von Hell und Dunkel (Abb. 123), fühlen sie die Schöpferkraft des Universums, und der Taumel dieser Einheit in seinen unendlichen Weiten endet für sie beide in der Nacht des Irrsinns. Van Goghs Landschaften sind ein einziger inbrünstiger Hymnus an diese satanisch-wilde Kraft, die unnennbare Naturgeistigkeit, die alles gleichmachend in den dämmrigen Wirbel ihres Lebens zwingt. In Delaunays Eiffelturm (Abb. 124) zerbricht der empirische Körper des Turmes in dem bizarren Wunder kristallinischer Weltenenergetik, die den Turm in einen sich türmenden Reichtum eines horizontlosen Lebens sich verwandeln heißt, Höher als das höchste Gebirge und tiefer wie das tiefste Meer. Henri Matisse (Abb. 26) löst die Farbe ganz von stofflicher, gegenständlicher Wirklichkeit und läutert sie zur visionären Kraft, die wie ein wellender Strom der Ewigkeit menschliches Leben trägt, im wortlosen Rhythmus, unwissende, willenlose Kinder im friedvollen Spiel. Bei Hodler (Abb. 40) wird jedes Ereignis zur ritualen gesetzlichen Handlung, zu Seelenakten zeitloser Menschen im zeitlosen Raum, und bei Cézanne löst sich alles Sein in eine spirituelle Energetik auf, deren Naturhaftigkeit das Menschliche im Kosmischen sich verlieren läßt (Abb. 33, 128, 129).

Die Kunst löst sich allerorts von den Trivialitäten bloß empirischer Inhalte und geht kosmologischen Problemen nach, die das „Geistige" nicht mehr auf den engbegrenzten Begriff einer rein künstlerischen Welt festlegten, sondern den „Weltgeist" als eine absolute wirkende Kraft zum unmeßbaren Gegenstand ihrer Gestaltung erhoben. Das Jahrhundert hat in seinen Systemen diese Einheit der Dinge in und über allen Dingen längst erkannt, sei's, daß es diese in der gesetzlichen Einheit des Denkens oder im Mechanismus des Geschehens oder im Organismus des Seins fand; nun aber durchdrungen von dem Lebendigen des Gefühls, erfüllt mit allen wilden Leidenschaften der Seele, erwacht, wie Ewald sagte, jenes tiefere Naturgefühl, das sich z u m k o s m i s c h e n A f f e k t e s t e i g e r t (Abb. 128).

Der Ausdruck dieser Sehnsucht nach universaler Lebenseinheit ist Nietzsches Nachtlied:

> Nacht ist es: nun reden lauter alle springenden Brunnen. Auch meine Seele
> ist ein springender Brunnen.
> Nacht ist es: nun erst erwachen alle Lieder der Liebenden. Und auch meine
> Seele ist das Lied eines Liebenden.
> Ein Ungestilltes, Unstillbares ist in mir; das will laut werden. Eine Begierde
> nach Liebe ist in mir, die redet selber die Sprache der Liebe.
> Licht bin ich: ach, daß ich Nacht wäre! Aber dies ist meine Einsamkeit, daß
> ich von Licht umgürtet bin.
> Ach, daß ich dunkel wäre und nächtig. Wie wollte ich an den Brüsten des
> Lichtes saugen!

Die rationalistischen Systeme, die Licht bringen sollten, erscheinen auf einmal als fahle Grenze, die von den Wundern der nächtigen Rätsel und allen kosmischen Weiten, von der Kraft des persönlichen Erlebnisses trennen, deren Zusammenhang sich nicht mehr kosmo-

Abb. 128. Cézanne, Badende (Phot. Druet, Paris).

politisch wie in der Renaissance, sondern international-sozial charakterisiert. Der soziale Gedanke war längst zur europäischen Großmacht geworden. Nun wird man sich der Inhaltlosigkeit jener Ideosynkrasie des Geistes, der impressionistischen Schöpfungen bewußt, und das passive vegetative Zusammensein der Gestalten muß dem aktiven positiven Inhalt einer Gemeinschaft alles Lebendigen Platz machen, das über die überlieferten Begriffe des „Menschlichen" und „Natürlichen" weit hinausdrängt. Schon Stirner nannte den Begriff des „Menschlichen" den Schatten eines alten Gespenstes. Die Menschheit fühlte sich einsam in ihrer aristokratischen Vereinzelung der Natur gegenüber. Gopau findet den höchsten Sinn und Genuß des individuellen Daseins in der bewußten Lebensgemeinschaft mit der Gesellschaft und darüber hinaus mit dem Universum (vgl. Cézanne, Abb. 128, 129).

Dementsprechend haben sich langsam Form und Inhalt der Kunst verschoben. Das humanistische Lebensideal war längst in der impressionistischen Kunst verblaßt, in der die unmittelbarste und reine Formwirkung das Gegenständliche zur Passivität verdammte. Aber in dieser dumpfen Ergebenheit des Lebens im Bilde gegenüber dem brutalen Machtanspruch eines kühn sich durchsetzenden rationalistischen Subjektivismus lag doch von vorneherein im Keim auch der Grundgedanke des Denkens der neuen Zeit. Das Kunstwerk wird zum Resultat eines Schöpfungsgedankens. Ziel der Gestaltung ist nicht mehr die malerische Einheit der freien natürlichen Vielheit der Erscheinungswelt, sondern die Wesensgleichheit aller Erscheinungen als Teile eines geistigen Weltganzen. Haus und Wolken, Mensch und Raum, Körperliches und Räumliches verlieren bei van Gogh, Cézanne, Delaunay, Marc u. a. ihre körperliche Grenze, ihre geistige wie stoffliche Verschiedenheit. Die

Abb. 129. Cézanne, Bacchanal, Sammlung Pelerin (Phot. Druet).

rationalistischen Systeme künstlerischer Bildordnung verschwinden, und die Form wird statt
zum regulativen Prinzip zum geistigen Ausdruck übergegenständlicher Vitalität oder
zur geistigen Eigenschaft der Dinge, durch die sie uns als Gebärde der ihnen eingeborenen höheren Lebenskraft oder Lebensordnung erscheinen.

Die deutsche romantische Ideenwelt vor allem ist es, die hier weitergebildet fortlebt.
Die sentimentalische Scheidung von Umwelt und Innenwelt hat ebenso wie das Spannungsverhältnis von individueller Welt und Norm seine tragische Bedeutung verloren, denn die
Welt erscheint nun in jedem ihrer Ausschnitte oder dinglichen Vereinzelung als geistige
Totalität, deren Wert in den neuen Beziehungen zum Leben und zu unserem geistigen Menschen
steht. Durch die Tat hat nun auch der bildende Künstler nach W. v. Humboldts Lehre völlig
das Recht, selbst den Maßstab zu eigener Beurteilung aufzustellen. Denn der Künstler
beginnt jetzt jenen objektiven Geist zu schildern, unter dem auch Hegel in seiner Rechts-
philosophie den übergreifenden Lebenszusammenhang der Individuen versteht. Das formale
Wesen der einzelnen Erscheinungen wird durch ihre Bedeutung bestimmt, welche sie als
Glieder in der Selbstentfaltung des Geistes haben, und Geist ist Weldidee, ist Gott. Daher
wird weder die natürliche Wirklichkeit, wie sie ist, noch auch die Welt, wie sie als Resultat
der Konstruktion des Denkens erscheinen soll, sondern die schöpferische Kraft dargestellt,

Abb. 130. Carlo Carra, Die Macht der Straße.
(aus Fechter, „Der Expressionismus")

die sich hier durch die harte Organik und Größe ihrer alles bestimmenden Macht (Abb. 25), dort durch ihren irrationalen Reichtum offenbart (Abb. 123). Wie die Hegelsche Logik, so fällt auch in der modernen Kunst die Bildgesetzlichkeit mit einer künstlerischen Metaphysik zusammen, die rasch in die Mystik und in das Irrationale, ja Geisterhafte (Abb. 15, 125, 126) sich verlor.

„Wirklichkeit" heißt hier nicht das Objektive, sondern das Absolute, das die innere Einheit der Natur ausmacht.

Man hat diese Gestaltungsweise „expressionistisch" benannt.

Indem die Kunst in dem frei schöpferischen Walten des Individuellen das Welttypische selbst zu erkennen beginnt, hat jetzt der objektivierte dramatische Zustand der Zivilisation mit seiner antagonischen Spannung von den Instinkten des Gefühls und dem System der sozialen Gesittung, der Individualität der Persönlichkeit und dem Typus der Gesellschaft an Interesse verloren. Die elementare „Natur" ist nicht mehr bloße Erscheinung, sondern formgewordener schöpferischer Wille. Die persönliche Vorstellung ist in der besonderen Gesetzlichkeit ihrer künstlerischen Verwirklichung nur eine individuelle Formel, in der sich das Phänomen, der inneren Einheit alles Lebendigen, sei's als Ereignis, sei's als ewiger Zustand, sichtbar macht. Die rationalistischen Systeme zur Herstellung räumlicher Wirklichkeit haben damit ihre zielsetzende Bedeutung verloren, da ja nicht die erscheinungsmäßige Realität des empirischen Raumbildes, sondern seine Idealität als gewordene, sich verändernde, lebendige Einheit Objekt der Gestaltung geworden ist.

Die Franzosen unterscheiden sich dabei wieder grundsätzlich von den Deutschen: Sie zwingen den Gegenstand unter Zerstückelung seiner empirischen Realität in die kosmische Energetik ihres künstlerischen Systems (Kubismus, Abb. 11; Picasso ist zwar von Geburt Spanier, aber doch als Haupt der französischen Schule anzusprechen). Die formale Verwirklichung dieser mystischen oder metaphysischen Gesetzlichkeit der Erscheinung ist alles. Der Deutsche dagegen geht von der Individualität seines Gegenstandes, seiner spezifischen Geistigkeit aus und sucht in dieser das alles Einzelne im Tun, Wollen und Sein bestimmende irrationale Wesen der Ewigkeit (Abb. 16). Die Romantik in ihm war nicht auszurotten.

Die Russen griffen am revolutionärsten ein. Kandinsky wagt die von aller Gegenständlichkeit befreite Phantasie gewissermaßen in einem kosmischen Panorama (Abb. 9) zu geben, während die Italiener (Futuristen) teils ins Novellistische verfallen und in heterogener Gegenstandsgruppierung auf das Anarchische der Phantasie pochen, die Geistigkeit ihres Gegenstandes (Abb. 130) aber in einem bloßen Phantasiepanorama materialisieren.

Die Deutschen scheinen neben den Russen im Vorteil zu sein. Denn es ist ihr Erbe, das nun lebendig wird. Ihre Leistungen im frühen und späten Mittelalter als gewaltigste und reinste Verkörperung der religiösen Weltanschauung der Zeit erleben eine Renaissance, auch jenseits der deutschen Grenzen.

Das moderne Bild, das Kunstwerk, erhält einen andern Platz in der Kultur. Es will nicht mehr das Objekt des Genusses einer ästhetisch gebildeten Kaste, sondern Verkörperung jener inkommensurablen Welt sein, die unser Innerstes umschließt. Es will nicht erlösen von der Welt, wohl aber den Besitz ihrer inneren Größe vermitteln, die wunderreiche Gestaltenfülle der schöpferischen Kraft selbst, die unser aller Heil und unser aller Verderben ist. Es will als gestaltete Welterkenntnis Religion sein, befreit von jeder Historie. Schleiermacher'sche „Reden" erscheinen hier gewissermaßen in ihren praktisch-künstlerischen Folgerungen: sein idealisiertes Mittelalter in moderner Gestalt. In dem Augenblicke, da die optische und chemische Wissenschaft mit dem photographischen Apparat restlos die farbige empirische Wirklichkeit wiederzugeben vermag und damit den Traum von Jahrtausenden erfüllt, zieht sich die Kunst in ihr ureigenstes heiliges Reich zurück, verflucht das genießende Auge und die hinkende Weisheit der Ästheten wie die gemeine Lust der Masse und geht mit der Philosophie, die ihr selbst auf halbem Wege entgegenkommt, einen unerhörten Bund ein. Beide wenden sich von der an der Naturwissenschaft orientierten Empirie ab, um dafür in einer — nicht selten mit mystischen Ideen durchsetzten Welterkenntnis — den Sinn des Lebens gestaltend zu erfassen. Damit wird die Kunst auf ihre ältesten Zwecke zurückgeführt: sie wird zur Veranschaulichung religiöser Welterkenntnis. Die Kunst will wie von alters her Mitteilung eines Inhaltes sein, der die elementare Welt des schöpferischen Gedankens unmittelbar zum anschaulichen Erlebnis werden läßt. Der raffinierte Reichtum der sinnlichen Erfahrung hat in dieser Kunst so wenig mehr einen Platz wie die artistische Geschicklichkeit des Könners; desto mehr gilt die Erfindungsgabe der künstlerischen Vorstellung, die Ausdrucksmacht ihrer individuellen anschaulichen Einheit. In der Gestaltung der einigenden Urwesenheit der Dinge verliert sich für diese „neue Kunst" der Gegensatz von Diesseits und Jenseits, von Mensch und Natur, Mensch oder Tier, wie auch der Geschlechter. Im Blicke des Tieres (Abb. 146), im Denken des Kindes, im Tun des Wilden (Abb. 39) sieht die moderne Zeit ein Stück jener verlorenen Urnatur des Menschen der Zivilisation. Man bestaunt das Wunder der animalischen Urkraft, die keine Zwiespältigkeit in ihrer robusten Größe kennt und jene ersehnte paradiesische Lebenseinheit besitzt (Abb. 145). Deshalb beginnen die künstlerischen Leistungen jener Zeiten für uns erhöhtes Interesse zu gewinnen, in denen der heilige Glaube an eine höhere Kultur und Geistesgemeinschaft die Differenziertheit des persönlichen Wissens und Wollens nie zum leitenden Kulturfaktor hat werden lassen: die Welt des Mittelalters und der orientalischen Kul-

Abb. 131.   Paris, Große Oper.

turen. Es verschwinden die sozialen wie nationalen Ideen in dem Darstellungsgebiete der
Kunst und machen dem Gedanken einer Einheit alles Lebendigen Platz, die das Vollkommenste
und Höchste eben in diesem Bewußtsein solcher kosmischen Gemeinschaft erkennt. Ihr gegenüber verliert die Renaissanceidee von der Vollkommenheit des Menschen schon deshalb Wert
und Sinn, weil der Hochmut des Vorrechtes begnadeter Intelligenzen zu einer Idealkonstruktion
des „Menschentums" geführt hat, die den Modernen nur als eine brutale Vergewaltigung des
unerschöpflichen Wunderreichtums ihrer Ganzheit erscheint. In der rätselhaften Einheit von
Natur und Mensch der „primitiven" Völker, dem unverstellten Reichtum ihrer Seele sieht die
Gegenwart vielfach ein verlorenes Paradies, und auch das stolze Ahnengeschlecht der eigenen,
europäischen Kultur verliert den Nimbus aristokratischer Vereinzelung durch die Kenntnis
seiner orientalischen Wurzel. Das durch die Deutschen vor allem entwickelte transzendentale Denken mit seinen mystischen Einschlägen hat das innere Wesen der Kultur dem
des Orientalen nahegebracht und den Boden für ein Verständnis dieser trotz seiner elementaren Gegensätzlichkeit uns heute noch fast unverständlichen Welten außereuropäischen
Denkens geebnet. Man beginnt hier ganz im Gegensatz zum Impressionismus statt der bloßen
Beschreibung der Vorstellungsmaterialien die elementaren Denkprinzipien zu ergründen, um
ein Verständnis innerhalb der Eigengesetzlichkeit der nationalen Welt zu erreichen und im ganzen
doch wieder über die engen Grenzen der eigenen Kultur hinaus einen tieferen und freieren Blick
für die Menschheit sub specie aeternitatis zu gewinnen. Erst jetzt beginnt die Zeit von einer
intereuropäischen zu einer Weltkultur und Weltkunst fortzuschreiten. Es liegt in der
Natur der Sache, daß das junge Geschlecht gegen die Welt europäischer Kultur, ihre satte
Zufriedenheit und die Selbstgefälligkeit ihres durch das Erbe geheiligten Wissens Sturm läuft.
Der Gegendruck kommt gewissermaßen politisch durch den Weltkrieg zum Ausdruck, in dem

Abb. 132. Brüssel, Justizpalast.

sich die neue Zentralmacht als der berufene Träger der neuen Kultur von ganz Europa, wo nicht befehdet, so doch verleugnet sieht. Die deutsche Nation hatte hier im Herderschen Weltreich des Geistes längst von einer Menschheitskultur geträumt, die den Lebenswert und Lebenssinn veredelt im Glanze der Unsterblichkeit zeigt. Ist's ein Zufall, daß der Orient auf ihre Seite tritt? Die Bescheidenheit und Demut dieser neuen Menschheit ist nicht das Zeichen ihrer Schwäche, vielmehr der Ausdruck einer Kraft, die über den Einzelnen hinweg im Organismus des Kosmos die Heiligkeit ihres größeren Daseins sucht.

Die Stileinheit jeder dieser beiden Perioden nachzuweisen, ist ebenso schwierig, wie die Stilunterschiede zwischen den beiden in ihnen sich gestaltenden künstlerischen Anschauungen kurz zu skizzieren. Schon der Umfang einer sehr gesteigerten Produktion, von der Verschiedenheit im Werte ganz abgesehen, erschwert das. Die fieberhafte Nachfrage nach Kunst, hervorgerufen durch das märchenhafte Wachstum der Städte wie des bürgerlichen Vermögens, zeitigte auch auf dem Gebiete der Kunst ungesunde Verhältnisse. Die rasch sich verfeinernde mechanische Reproduktion von Bildwerken und kunstgewerblichen Arbeiten verführte zu einer nie gesehenen Verflachung und Verminderung der künstlerischen Qualität und einem erschreckend raschen Sinken des künstlerischen Instinkts in der breiteren Masse des Volkes. Der Triumph der Maschine schien der Tod der Kunst. Und doch wird man sagen müssen: es war kein schlechtes Zeichen für die Stärke der europäischen Kultur, daß sie diese Krisis überwand, die furchtbarste kulturelle Katastrophe vor dem Weltkriege.

Was die Bauwerke der dritten Periode kennzeichnet, ist der materiale Prunk, das Ungeschlachte eines ganz äußerlichen aber triumphalen Macht- und Kraftbewußtseins. Dieser Wille führte zur Anlehnung und Verwertung des Renaissancebaustiles. Die Monumentalität geht vielfach ins negerhaft Klotzige. Gegenüber den Bauten dieser Zeit haben die der vorangegangenen etwas Zimperliches. Am deutschen Reichstagsgebäude von Paul Wallot verschwindet die künstlerische Form in der materialen Riesenhaftigkeit der ganz vergegenständlichten Motive. Schinkel ist ein Askese gegen Wallot, und Semper (Abb. 76—78) erscheint trocken und philiströs daneben. Über der stofflichen Pracht der Säulen, Gesimse wird daher der ganze Bau zu einer schwer über dem Boden lagernden Masse, deren ermüdend eintönige Fassadengliederung in eine übersättigte, substanziell träge Pracht sich verfilzt.

Auch für die Pariser Oper (Abb. 131) gilt trotz des künstlerischen Abstandes Ähnliches: das künstlerische Motiv geht in der gegenständlichen Pracht der Säulen, Gesimse, Schmuckzutaten unter. Das charakteristische, baukünstlerische „Mal" der Zeit ist jedenfalls der Brüsseler Justizpalast (Abb. 132), von Josef Poelaert 1866—1883 erbaut. Trotz gewaltiger materialer Ausdehnung und Pracht alles trotzige Spannung, Energie, ein Wille, der das Material sich bezwingt und das verwirrende Vielerlei prunkhafter Formen diktatorisch zur Ordnung ruft. Die Säulengalerien zwischen den vorspringenden Flügeln steigern deren materiale Riesenhaftigkeit, indes das hochstrebende Mittelportal ebenfalls aus kleinstem Türmotiv zu schlundartiger Weite sich verbreiternd, kühn zur Silhouette des Kuppelbaus sich auftürmt. Man erkennt überall in den barock komplizierten Einzelheiten das teilweise an Michelangelo sich orientierende Motiv: das Bemühen, Säulen, Gesimse usw. dem Materialen des Baublockes einzubinden und eine von innen her wachsende Energie, eine höhere, sich selbst verwirklichende herrische Macht sichtbar zu machen, als gälte es, die rigorose Gewalt des Gesetzes in der dunklen Organik dieser zyklopischen Baumassen selbst zu gestalten. Man tut dieser Stilathletik, die hier durch Beigabe assyrischer und babylonischer Einzelheiten dem Bau vielfach ein abenteuerliches Gesicht gibt, nicht zu viel Ehre an, wenn man sagt, der Brüsseler Justizpalast ist das imposanteste Denkmal subjektivistischen künstlerischen Machtbewußtseins, das nicht in einem lahmen Eklektizismus, sondern in kühner, rigoroser Eigenwilligkeit die heterogenen historischen Formen zusammenschweißt, um nicht bloß ein Bauwerk, sondern ein Monument seiner Idee zu schaffen, das ein Stück ihres Ewigkeitswertes auch im System Formen zur Schau trägt. Ist das deutsche Reichstagsgebäude ein Kind eines lauen kosmopolitischen Akademismus, nüchtern, trivial bei aller Wohlanständigkeit, einer gesunden Sinnlichkeit, so ist der Brüsseler Justizpalast der erste expressionistische Monumentalbau der neueren Zeit, dem die zweite Hälfte der Stilperiode (seit 1890) kein dem neuen Geist entsprechendes, gleich imposantes Denkmal entgegenzusetzen hat.

Das Neue begann am reinsten sich jedoch in den Werken jener englischen Architekten zu gestalten, die durch die Schule der Eisenkonstruktion zum Teil hindurchgegangen sind.

Der neue Stil kam durch die neuen Aufgaben, die der moderne Architekt erhielt, das bürgerliche Miet- und Geschäftshaus, sowie die öffentlichen Nutzbauten (Abb. 133, 134). Die neue künstlerische Geisteswelt brachte nicht die Technik, sondern umgekehrt der Geist schuf so sich kraft der Technik neue Ausdrucksmittel. Das Eisen, in dem die Zeit sich selbst ihren Baustoff formte, wurde zum entscheidenden Faktor bei den neuen baulichen Aufgaben.

In den Eisenbauten offenbart sich zuerst und am klarsten der Stil und Wille der Zeit: die rationale Ökonomie in Kraft und Material, die Lösung mit einem Minimum von Arbeit ein Maximum an Kraft! Niemals vorher wurde mit so großartiger Folgerichtigkeit das bau-

Abb. 133. Oxford, Naturhistorisches
Museum.

Abb. 134. Paris, Bibliothèque Ste. Geneviève
(aus Meyer, Eisenbauten. Verlag Paul Neff, Eßlingen).

liche Problem auf seinen elementaren Bestand, den belichteten Raum, zurückgeführt.
In der ersten Weltausstellung in London 1851 gaben sich die Völker in einem Palast aus
Eisen und Glas zum erstenmal ein Stelldichein. Es wurde das Eisen, der harte „Riesen-
sprößling des Erzes", von dem zerbrechlichsten Körper, dem Glas, umfangen und zum Träger
der neuen künstlerischen Ideenwelt der Zeit. Ein Blick in das Innere ist ein Blick in die
Kirche des modernen Geistes, die phantastische Riesenhaftigkeit seiner Ideenwelt, die rohe
Eigenwilligkeit seines systematischen Verfahrens und die ungeheure Spannung seiner disziplinierten Energie.

In den ersten öffentlichen Bauten, die auf Grund dieser Stoffverbindung entstanden, wie
in dem Naturhistorischen Museum in Oxford (Abb. 133), glaubte man noch der nackten
Struktur des Raumes ein veredelndes gotisches Mäntelchen umhängen zu müssen. In der Bibliothèque Ste. Geneviève in Paris (Abb. 134) von Henri Labroust werden die eisernen Bogen und
Säulen ohne „historische" Stilbeigaben zum freien künstlerischen Organ an sich, das die Decke mit
den graziösen stegförmigen Bogen vereint über den hellen Lichtgaden der beiderseitigen Fenster-
reihen förmlich schweben läßt. Aus der Empirie der Konstruktion gewinnt mithin der
neue künstlerische Geist das Material seiner Formen, die ihm zum Symbol der eingeborenen
Kräfte des Raumkörpers werden. In diesem Formensystem verwandelt sich das Materielle des
Raumes in eine rein formal sich aussprechende Energie, deren Spannung und Verspannung
den Gedanken einer neuen künstlerischen Harmonie bringt, die nicht auf das dynamische
Gleichgewicht in sich selbst verankerter Massen, sondern auf eine spirituelle Energetik des
Körperlichen hindrängt. Es gilt die innere Ordnung als geistige Energie sichtbar zu
machen, doch nicht um das Material zu vergeistigen, sondern das Geistige im Materialen
zu gestalten. Darin liegt die Bedeutung dieser Bauten, die „Imponderabilien" ihres Stiles.
Sie verallgemeinern den Begriff des Geistigen und des Materialen, in dem der Geist sich
selbst den Stoff erschafft, in dem er künstlerisch sich verwirklicht, und führen den Begriff
des Künstlerischen auf das organisch Notwendige zurück. Die Form soll rationale Tat-

Abb. 135. Makartzimmer.

sache struktiver Wirklichkeit sein. Man landet so bei einem Begriff baukünstlerischer Wahrheit und spezialisiert damit den Kunstbegriff im Architektonischen. Letzten Endes freilich bleibt die „Ordnung" auch hier dem Materialen immanent, nur vergegenständlichen sich hier die Motive nicht in einem historischen Stilmotiv. Das „Künstlerische" liegt in der rationalen Bindung und Ordnung des Struktiv-Notwendigen. Es will nicht mehr sein als vereinheitlichter Wirklichkeitskomplex.

Gleiche Erscheinungen und Gegensätzlichkeiten wie die Bauten zeigt auch das Kunstgewerbe. In dem sogenannten Makartzimmer der achtziger Jahre führt das malerische Durcheinander zu einer Absage an jede einheitliche Formung des Gesamtraumes. In der anarchischen Gruppierung der Möbel haben nur noch die einzelnen Möbelgegenstände und das verwirrende Vielfache der stofflichen Pracht das Wort (Abb. 135). In dem englischen Zimmer (Abb. 136) dagegen gleichen sich alle Einzelheiten dem geometrischen Grundmotiv der Wand in schlichter, klarer Disposition an. Sie verzichten auf jede künstlerische Sonderdurchbildung zugunsten der Raumeinheit, in der allein der Wert des Künstlerischen gesucht wird, ohne daß sie die Form als konstruktives Organ von den körperlichen Einzelheiten ablöst. In ihrer sinnlichen Schwere, ja Schwerfälligkeit rücken diese daher auch weit von den Werken der vorangegangenen Periode des Adam, Chippendale u. a.

Hier lösen sich die Fäden aus dem Wirrwarr der Stilverschiedenheiten, die aus den verschiedenen Prinzipien der Künste zu einem zeitgeschichtlich umgrenzbaren Kunstwillen führen. Die Malerei darf nicht mehr als eine für sich zu betrachtende stilgeschichtliche Besonderheit im 19. Jahrhundert angesehen werden.

Die impressionistische Malerei gründet ihren Stil auf dem Begriff einer spezifisch künst-

Abb. 136. Englisches Zimmer

Hans von Marées, Römische Landschaft

(Verlag E. A. Seemann, Leipzig)

Max Liebermann, Studie zum Bilde „Spielende Kinder"

(Besitz Frau Meiner, Leipzig)

lerischen Wirklichkeit. Der Begriff der künstlerischen Wahrheit wird materialistisch umgrenzt, in dem man als wahren Gegenstand der malerischen Darstellung das farbige Licht als das gegebene Prius des subjektiven Wirklichkeitseindruckes bezeichnet, das formale System ordnet sich ganz dem Charakter dieses Materials unter, d. h. es wird charakterisierende Eigenschaft des farbigen Lichtes, in ihm liegt das Geistige, Organische der sichtbaren Wirklichkeit als einer rationalen Tatsache. Die Linie ist nur insoweit im Bilde lebendiger Faktor, als sie zugleich farbiges Licht ist. Diese Einheit von Form und Material der Gestaltung erscheint mithin auch hier als das wichtigste Stilproblem, als eigentlich treibender Faktor, eine monistische künstlerische Weltauffassung, deren materialistisch-realistischer Kern in der offiziellen Kunst am deutlichsten, um nicht zu sagen abenteuerlichsten, zutage tritt. Indem man die „Form" zur Eigenschaft des Gegenstandes, unablösbar von demselben, machte, ergaben sich zwei Möglichkeiten: die eine, die das künstlerische System in der materiellen stofflichen Wirklichkeit überhaupt aufgehen ließ, die andere, die den Gegenständen dieser Wirklichkeit nur insoweit im Bilde Raum gab, als sie k ü n s t l e r i s c h e s Interesse haben, als sie k ü n s t l e r i s c h e W i r k l i c h k e i t sind. Piloty, Makart (Abb. 107) wie Manet haben somit dieselbe stilgeschichtliche Wurzel. Bei Piloty ist der Gegenstand der Darstellung ganz W i r k l i c h k e i t, bei Manet wird er problematischer Natur, zur Indifferenz verdammt gegenüber der k ü n s t l e r i s c h e n W i r k l i c h k e i t. In diesen beiden entgegengesetzten Polen lag allein die Möglichkeit der Lösung des neuen künstlerischen Problems. Böcklin würde hierbei zu dem ersteren zu zählen sein. In seinen Schöpfungen verliert sich die formale Organik ganz in die panoramatische Wirklichkeit seines Phantasiereiches, die Welt der Phantasie soll g l a u b h a f t e Wirklichkeit werden, die materiale Riesenhaftigkeit des Raumes wie alle künstlerischen Ausdrucksmittel dienen im Grunde nur der Wirkung des g e g e n s t ä n d l i c h e n M i t t e l - p u n k t e s als „stimmunggebenden" G e g e n s t a n d. Selbst so äußerliche Mittel wie Rosengirlanden müssen hierzu in der Nymphengrotte der Münchener Schackgalerie herhalten. Man wird die groß in den Silhouetten und oft auch architektonisch erdachten Bilder vergeblich auf Linienmotive hin prüfen. Alles „stilisieren" wäre Böcklin dabei als eine Versündigung gegen seine Vorstellung von der Wahrheit der Natur erschienen und dies trotzdem er nur ein P h a n t a s i e r e i c h malte. Er materialisiert sich die künstlerische Idee zu diesseitiger Wirklichkeit und verliert dabei alles Spirituelle. Das Verhängnis der Böcklinschen Kunst, wie das Verhängnis der Zeit! Am schlimmsten hervortretend bei den englischen „Romantikern" (Abb. 119), dem äußersten Extrem dieser Welt; bei Makart (Abb. 107) vollends dient dieses Phantasiereich zur karnevalistischen Prunkentfaltung, dem materiellsten Augenschmaus, „Stilleben mit Menschenfleisch".

Versinkt hier die Bildstruktur in der Sinn- und Zwecklosigkeit einer hindämmernden müde gewordenen Haremssinnlichkeit, so wird sie im andern Extrem, in Hans von Marées Bildern, (Taf. II, V, Abb. 25) zur heiligen Ordnung, die allem Sein und Tun den Stempel der Zeitlosigkeit gibt und doch ihm seine körperliche und räumliche rationale Gestalt, sein Wirklichkeitsgesicht beläßt. Diese ordnende Kraft aber erhebt sich nicht zur beherrschenden Gewalt über der Wirklichkeit, sondern sie lebt gewissermaßen als das unsichere Phänomen in ihr, als innere Ganzheit, die in sich ruhende Einheitlichkeit, als die absolute und elementare natürliche Eigenschaft der Wirklichkeit, als Naturtotalität. Jede Linie muß daher körperhafte Wirklichkeit und sinnvolle Organik zugleich sein. Jeder Körper im Bilde ist wohlberechneter Teil seiner übersichtlichen Organik. Der Körper ist formales Motiv des Bildraumes, hat so Teil an seiner rationalen Ganzheit und bleibt doch ganz klar sich silhouettierender Körper, sinn-

Abb. 137. Meunier, Die Arbeiter.

Abb. 138.   Rodin, Balzac, Teilansicht (aus
Rilke, Rodin.   Inselverlag).

lich schwer. Der Gegenstand der Darstellung, die Historie, oder besser das Historische, wie
Persönliche in den Figuren der Erzählung tritt zurück gegenüber der in dem farbig-formalen
Aufbau vor allem sich rational ausdrückenden Bildidee, gegenüber dem Gedanken ihrer
inneren formalen Einheit. Einheit heißt hier innere Notwendigkeit.

Von hier wird man den Weg leicht zur Stilproblematik der Eisenarchitektur und den
bahnbrechenden englischen Werken zurückfinden, wie ja überhaupt die stilistischen Gegensätze von Makart und Hans von Marées in der Architektur am leichtesten und am deutlichsten wieder erkennbar werden.

Der Versuch, diese Stilgegensätze in der Plastik festzustellen, würde zu einer Gegenüber-
stellung von Rodin und Hildebrand führen, wobei Dalou, Begas u. a. dem durch Makart,
Piloty vertretenen Realismus sich anreihen würden. Rodin faßt den Menschen in der Kunst
als geistige Ganzheit auf, ebenso wie die Natur, weshalb er auch so gerne sie in den dunklen
bestimmenden Strom irrationalen kosmischen Lebens versetzt (Abb. 37), der Wille, die Gebärde
sind ihm nicht wie etwa Rauch charakterisierende Handlung, sondern seelischer Zustand,
den der Formen- und Stilcharakter jeweils unterstützt. Der ganze „Stil“ ist hier Gebärde,
die aber ü b e r allen augenblicklichen Willenszielen steht, nur Wille als vitale Macht der
Seele ist. Rodin ist durchaus ein Kind seiner Zeit. Die Form ist ihm generelle Eigenschaft der körperlichen Substanz. „Form heißt ihm Seele, Seele irrationale Kraft, anfangslos,
endlos. Der Körper ist ihm das Material, in dem die seelisch - geistigen Energien wirken
(Abb. 138). Deshalb erstreckt sich der geistige Ausdruck in seinen Porträts nicht auf das
Gesicht allein, sondern auf die stoffliche und körperliche Gesamtheit seiner Bildwerke. Der
Körper ist ihm nicht rationales Raumproblem, sondern ein Problem der materialen Dar-

bietung des Geistigen im Kubischen. Die Denk-
motive der Zeit, die Einheit von Form und Material
bilden auch die Grundlage der Rodinschen Kunst.

Es materialisiert sich in Rodin
das Geistige. Deshalb darf Rodins „Im-
pressionsimus“ nicht mit jenem Stil impressio-
nistischer Plastik verwechselt werden, in dem
Meunier (Abb. 137) das farbiggedachte Raum-
und Körperbild auf die Plastik übertrug.

Hildebrand dagegen gründet sein künstlerisches System auf den spezialisierten Begriff eines
Architektonisch-Plastischen (Abb. 139). Im Vordergrund seines Interesses steht bas Problem der
künstlerischen Einheit der Skulptur.
„Form“ ist Hildebrand ein System der rationalen
räumlichen Einheit des Körpers, Einheit heißt ihm
rationale Folgerichtigkeit eines künstlerischen
Systems, das sich auf den naturwissenschaftlich be-
weisbaren Tatsachen unseres Gesichtssinnes
aufbaut. Der Wert eines Bildwerkes liegt in dieser
ihm als Kunstwerk eingeborenem Organik. Form
heißt für Hildebrand der natürliche Bau
des Lebens, wie er aus den Gesetzen einer vernünftigen Wahrnehmung erwächst, die elementare

Abb. 139. Hildebrand, Neptun in Straßburg.

Ordnung im freien Wirken des Lebens. Diese Ordnung greift demgemäß über die Struktur
des Sinnlichen, als körperliche Tatsache nicht hinaus, sie adelt nur den Gegenstand der Darstellung als körperliche materiale Realität.

Die Natur wird sinnvolle Wirklichkeit und damit geistiger Komplex
erst, wenn sie durch die ordnende künstlerische Vernunft hindurchgegangen
ist. Deshalb reicht das Geistige nur so weit wie der sinnlich formale Tatbestand
der rationalen Körperwelt.

Bei Rodin wie bei Hildebrand ist die „Form“ mithin Eigenschaft des materialen Körperlichen, das für beide Ziel, künstlerische Idee, nicht bloß gegebener Gegenstand, d. h. Körper an sich ist. Denn Hildebrand erweitert den Begriff des Körperlichen zu einer rationalen Organik der räumlichen Ausdehnung seiner materialen Endlichkeit, Rodin zu
einer irrationalen Energetik einer im Körper sich materialisierenden Unendlichkeit. Deshalb baut Rodin organische und unorganische Körperwelt naiv in seinen Bildwerken
zusammen, Wolken, Fels und Körper. Aber über den motivischen Beziehungen bleiben doch die
malerischen Unterschiede der gegenständlichen Einzelheiten erhalten. Für die Einzelheiten
des Brüsseler Justizpalastes gilt Ähnliches. Das baugeschichtliche Analogen zu Hildebrands
Grundsätzen sind die englischen Bauten, und um ein deutsches Beispiel zu nennen, Gabriel
Seidls Bauwerke in München. Das Prinzregent-Luitpold-Denkmal in München ist deshalb
vielleicht das edelste Beispiel derzeit in Deutschland geworden für ein streng organisiertes
Zusammenwirken von Plastik, Monument und Bauwerk.

Es bleibt noch ein Wort über die neuen Gegenstände der Darstellung zu sagen.

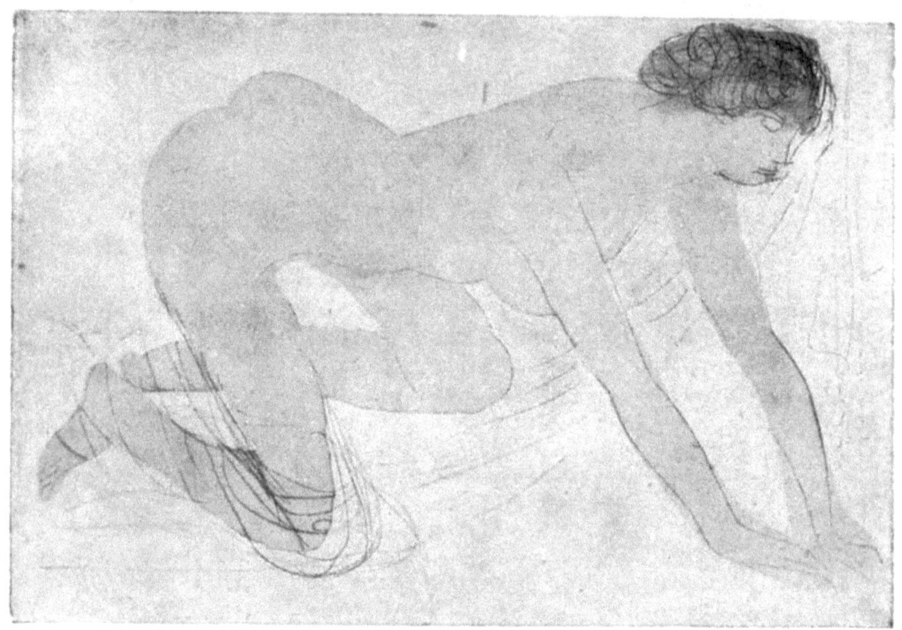

Abb. 140. Rodin, Aktzeichnung.

Was hat Pilotys Triumphzug des Germanicus oder Seni vor der Leiche Wallensteins mit Böcklins Villa am Meere oder mit Manets Frühstück im Walde im Sinne eines Zeitstils gemeinsam?

Es ist leichter, die geschichtlich zu erklärenden Gegensätze in der Welt der „Sujets“ als das geistig Verbindende nach den Denkmotiven der Zeit anzugeben. Für die beiden ersten Künstler mag man im Hinblick auf die sentimental-romantische Auffassung der Gegenstände Beziehungen zur Not gelten lassen: das Walten der höheren Schicksalsmächte, die dem Wollen und Wirken des Einzelnen eine tragisch scheinende Grenze setzen, bleibt für beide der moralische Hintergrund. Bei Makart oder den Impressionisten jedoch scheidet sich die wirk-liche Sinnesimpression von jedem metaphysischen Gedankenflug des Gegenständlichen. Die Makartsche Kunst mit ihrer, von einem Schimmer orientalischer Sinnlichkeit verklärten Pracht eines Parvenüdaseins will nur die erotischen Phantasien verwirklichen, die sich bei Likör und Mokka vor dem tiefen Décolleté der Damen in dem Salon einer üppigen Wiener Ge-sellschaft — bei entsprechender Veranlagung — von selber einstellen mögen. Bei Manet dagegen die heimliche Schönheit nüchterner Wirklichkeit, gesehen im Spiegel ihrer Farbigkeit.

Trotz dieser Verschiedenheiten kreisen alle diese künstlerischen Gestalten im Keime ihres Wesens um dasselbe elementare Problem, das die verschiedenartigen Beziehungen zur Ver-gangenheit eben verschieden ummantelt.

In Böcklins und Pilotys Kunst stirbt der alte überlieferte Humanismus im Klagelied um die Vergänglichkeit menschlichen Lebens und seiner materialen Pracht, um einem neuen „Huma-nismus“ Platz zu machen, die zunächst in Hans von Marées' Kunst seine reifste Gestalt er-

hält. Man schickt sich an, sich von der engen Vorstellung vom Menschen als Schöpfungs-
mittelpunkt oder als der schöpferischen Großtat göttlichen Geistes und damit von dem Erbe
der Renaissance zu befreien, indem man es gewissermaßen neu auslegte. Die Vorstellung
vom Wesen des Menschlichen geht auf oder unter in der seiner allgemeinen
Naturhaftigkeit mit kosmischem Hintergrund. Henri Matisse, van Gogh geben
derselben Idee nur andern Inhalt und andere Formen.

In der Vernichtung des Menschenwerkes triumphiert bei Böcklin die düstre Kraft der
Natur. Sie ist freilich noch keine sittliche Macht, sondern mehr materialistisch aufgefaßte
rohe Gewalt, robuste Lebenskraft schlechthin, die sich über alles Menschenwerk hinweg im
Diesseits austobt. In dieser Lebenskraft schwelgt zugleich der Künstler, schwelgt in der grauen-
haft schönen, in der Vernichtung einigenden, in sich hineinziehenden Naturgewalt, dem neuen
theatralisch distanzierten Ideal seines eigenen zwiespältig sentimentalischen Wesens. Was für
Böcklin Wirklichkeitsideal (Abb. 117, 118), ist für van Gogh (Abb. 123) und Munch (Abb. 125),
wirkende Idee in der Wirklichkeit. Man darf nicht sagen, daß Manet und seine Epigonen
diese Einheit ästhetisch, nur daß sie sie künstlerisch gefaßt haben. Manets Olympia (Taf. III)
kennt nur diese an und in der Wirklichkeit lebendige, vitale aber ganz unterpersönliche
Macht, die weder erotisch noch spirituell, sondern nur stofflich körperliche Wirklichkeit und
als eingeborene Leidenschaft eines untermenschlichen Daseins nicht animalisch, sondern in
ihrer fast heiligruhenden Gebundenheit nur naturhaft sein will. Hierin liegt die besondere
geistige Qualität, die der Gegenstand, die menschliche Gestalt, durch die künstlerische Formung erhält. Diese unterpersönliche naturhafte Geistesgemeinschaft in Manets Frühstück ist
das über jeder einzelnen Gebärde traumhaft stillwirkende Agens, das die Menschen unter-
einander einigt. Auch Hans von Marées' Gestalten (Taf. II) bindet nicht ein höherer Wille,
sondern die auch künstlerisch sich aussprechende vitale Verwandtschaft, und ihre antikische
Nacktheit hat nur den Zweck, diesen Gedanken von aller nichtigen Alltäglichkeit zu befreien,
ohne ihr die Kraft natürlicher, in einer rationalen Ordnung sich aussprechender Wirklichkeit
zu nehmen. Bei beiden Künstlern geht der Begriff der Persönlichkeit in den einer natürlichen Geistesgemeinschaft auf.

Das drückt sich allgemein in der impressionistischen Kunst insofern künstlerisch aus,
als das Geistige der Gestalt dem der Bildganzheit und Bildgeistigkeit sich unterordnet, dem
wichtigsten Gegensatz der neueren Kunst zur Renaissance.

Die Bildgeistigkeit spricht in der Metapher ihres farbigen Systems von der Ganzheit
der empirischen Natur als einer natürlichen Tatsache. Unter den Nachwirkungen der
ererbten und besonders in Deutschland lebendigen humanistischen Ideen überträgt sich diese
Welt unter charakteristischen Wandlungen auf positive Gegenstandsinhalte.

Am Ende dieser vierten Stilperiode beginnt nun eine neue Welt sich zu gestalten.
Die Idee einer neuen Naturgemeinschaft jenseits des Menschlichen kündet sich an: Die vierte
und jüngste Periode steht im Kampfe gegen den Materialismus in der Kunst, vom Wesen
des Künstlerischen kam man zum Geistigen seines Wesens und damit zur Entmateriali-
sierung der Erscheinungsform. Sie will reine Verwirklichung des Lebens als einer schöpferischen
Grundkraft geistiger Natur sein. Der Jugendstil begann damit. Die Form wird Linie
und damit ein ästhetisches Produkt. Es war dies die vorübergehende Folge der Spezialisierung des Begriffes des Künstlerischen, daß sich der stilistische Umschwung ins abenteuer-
lich Ornamentale verlor. Der grenzenlose Stoff des Eisens vor allem trieb dazu, das vegeta-

Abb. 141. Patriz Huber, Darmstädter Haus 1901.

Abb. 142. Emil Högg, Halle der Dresdner Ausstellung 1906.

(aus „Deutsche Kunst und Dekoration", Verlag Alexander Koch, Darmstadt).

bilische „natürliche und elementare" Wachstumsprinzip als Grundform alles Wirkens des
sichtbaren Lebens auf die Kunst zu übertragen. Damit stand man aber vor neuen Denkmotiven, indem man die Struktur der künstlerischen Systeme der Vorstellung von
einer generellen Struktur des natürlichen Lebens überhaupt anzupassen versuchte.
Das historische Kostüm verschwand völlig und die materiale und körperliche Organik der
künstlerischen Motive lösen sich auf in einen abstrakten, unendlichen Fluß von abenteuerlichen
Linien, in denen die subjektivistischen Neigungen der Zeit oft wenig erfreuliche Orgien feierten.

Aber der folgenreiche weitere Schritt wurde verhältnismäßig rasch gemacht. In dem
subjektivistischen Naturalismus des Jugendstils lebten nur die Stilimponderabilien der dritten
Periode in einer grotesken Form weiter. Man hatte begonnen, die künstlerische Welt in die
Sphäre eines abstrakteren Naturalismus zu heben, die Natur gewissermaßen als Lebensidee
im Kunstwerk zu gestalten. Nun löste sich auch der Naturbegriff von den engen Grenzen
rational empirischer Wirklichkeit, vom Geiste der Natur kam man zur Natur des Geistigen
als einem kosmischen Begriff, von der freien Wachstumsenergie der Natur zu der ihr eingeborenen höheren Gesetzlichkeit als einer alles Einzelne bestimmenden inhaltsreichen Macht.

Die Form wird Verkörperung eines ethischen Prinzipes, die Kunst stellt sich bewußt in
die Dienste des Ewigen.

Die Architektur bei Beginn des 20. Jahrhunderts gewinnt aus der Struktur des Gebäudes selbst den Ausdruck einer rigorosen, aber streng disziplinierten Willensmacht, das
Symbol einer harten Ordnung, die nicht mehr ordnet, sondern in dem Formensystem gewissermaßen sich selbst als geistige Kraft verwirklicht. Die Form will System, Ordnung an sich

sein und verliert damit ihren Zusammenhang mit dem Empirisch-Gegenständlichen. Die Architektur als „Innendekoration" macht dies zunächst am deutlichsten.

In dem Darmstädter Hause Patriz Hubers (Abb. 141) symbolisieren die Deckenbalken nur die struktive Organik der Decke. Aber die Decke löst sich auf in ihre struktiven Glieder. Dasselbe gilt für die schmucklosen Möbel Sie wollen nur ihre Strukturorganik sichtbar machen ohne jede ornamentalplastische Beigabe. Wohl sind die Stühle und Möbel aus denselben Grundmotiven wie die künstlerischen Glieder der Wand und Decke zusammengesetzt, erweisen dadurch ihre ideelle Strukturverwandtschaft, aber sie gewinnen keinen wirklichen Zusammenhang mit dem Gesamtraum. Der Raum löst sich als künstlerischer Organismus auf in seine Glieder. In der Diele von Emil Högg dagegen (Abb. 142) verschwindet dieses Gekünstelte und Gestelzte eines eitlen künstlerischen Intellektes, das über dem Wesen der Einheit die Einheitlichkeit des Gegenstandes seines Denkens verliert. Man sieht keine sich isolierenden Linien oder Möbel, alles bleibt gebunden an die Organik des Raumes als einer in sich künstlerisch geschlossenen Ganzheit und umgekehrt: jede gegenständliche Einzelheit fügt sich streng ein in den bestimmenden, fast nur in elementargeometrischen Grundformen sich kristallisierenden Rhythmus in die blockartige Festigkeit des dem Raum immanenten Systems. Daher ist dies System nicht mehr „abstrakte", d. h. ästhetisierte Form, die dem einzelnen Gegenstand ein bestimmtes künstlerisches Gesicht, den „Stil", verleihen will. Stil bedeutet nicht mehr äußere motivische Ähnlichkeitsbeziehung, sondern i n n e r e n o t w e n d i g e Z u s a m m e n g e h ö r i g k e i t der Teile, Stil will keinen äußeren Anreiz, keinen Imperativ, sondern den inneren Zustand einer stabilen Ordnung geben. Stil beginnt hier bereits über die ästhetische Formel hinaus zu einem ethischen Grundsatz zu werden, wenn auch von einer „modernen" Architektur im Sinne der jüngeren Bestrebungen auf dem Gebiete der Malerei noch keine Rede sein kann.

Für die Architektur des Außenbaues mag dies der Vergleich zwischen der Pariser Oper und der Stadthalle von Hannover erläutern. Die Pariser Oper (Abb. 131) setzt wirklich eine festliche „Fassade" auf. Der lebensprühende funkelnde Glanz und die stoffliche Pracht einer heiteren Ordnung wird gewissermaßen inszeniert. Die Baugruppe dahinter hat höchstens eine k o m p l e t t i e r e n d e, aber keine den Organismus bestimmende Bedeutung. Kuppel und Bühnenräume bilden nur den Giebel für die Fassade, die vorspringenden Teile des Bühnenhauses nur ihre rückwärtigen Flügel. Bei Bonatz und Scholer (Abb. 143) werden die künstlerischen Motive aus der struktiven Wirklichkeit genommen, klar treten Kuppel und Umgang in den linearen Rhythmus des äußeren Umrisses des von innen heraus bestimmten Gebäudes hervor. Aber die Kuppel ist nicht etwa wie in den Bauten der Renaissance die herrliche Krone des Baues, in der sich der künstlerische Grundgedanke zu völliger plastischer Klarheit entwickelt. Sie bleibt hier Teilmotiv, das durch die Schräge des Ansatzes nicht nur an die Silhouette des niederen Umgangs sich bindet, sondern auch durch die abgeflachte Form im Vereine mit diesem Schrägansatz des Daches das Giebelmotiv der Fassade in das weich wellende Motiv des Gesamtbaues verklingen läßt. Die „Fassade" (Abb. 22) ist einzig Präzisierung und repräsentative Vergegenständlichung des Motivs, das sich aus den gebundenen weichen Rhythmen des G a n z e n formt, man sieht nirgends ornamentale Zutaten, die wie an der Pariser Oper die Struktur des Gebäudes im reizenden Gaukelspiel halb verhüllen. Die Nacktheit der Struktur des Bonatzschen Gebäudes hat etwas Geläutertes, man möchte sagen Religiöses. Frei von allen subjektivistischen Abenteuerlichkeiten, frei von allem Stofflich-Äußerlichen, setzt es an Stelle der festlichen Pracht etwas Geistiges: Andacht, Sammlung und die Würde, die sich

Abb. 143.　Hannover, Stadthalle (Phot. Wasmuth).

im Bewußtsein der reinen Verkörperung eines höheren Prinzipes von selber einstellt. Das kleine Portal steigert die Größe der Giebelfassade, diese die des Gebäudes, das fürs Auge zum Ausdruck einer dem Materiellen eingebundenen Energie wird. Die Form aber ringt hier weder wie im Brüsseler Justizpalast mit dem Materiellen, noch geht sie unter in ihm als dessen Qualität, sondern sie bedient sich seiner, um eine geistige Potenz zur naturhaften Wirklichkeit werden zu lassen.

Das Gebäude wird zur Verkörperung seiner geistigen Lebensursache.

Der Stilistische, in dieser Periode sich vollziehende Umschwung läßt sich mühelos zum Teil noch eindringlicher auf dem Gebiete der M a l e r e i u n d P l a s t i k feststellen. Nur der oberflächlich Urteilende wird auf Rechnung von Launen und Moden die einzelnen künstlerischen Erscheinungen zu erklären wagen. Die hier besonders stark einsetzenden Bewegungen rühren die Tiefen des europäischen Geisteslebens im Sturme auf.

Dem „Jugendstile“ nahe stehen in Deutschland Klimt, in Frankreich Odilon Redon (Abb. 126), in England Beardsley (Abb. 34, 121), in Belgien Georges Minne als Plastiker. Was sie verbindet, ist der raffinierte Intellekt des Menschen moderner Zivilisation, der sich mit zarter Empfindsamkeit einer reflektierten Romantik umgibt und durch ein Gewebe vielsagender Linien die Sinne, das Denken und Fühlen mühsam aus den materialen Vorstellungen des Begriffs in die dunklen Weiten irrationaler Lebensenergetik projiziert immer hin- und hergeworfen zwischen materialer Sinnesfreudigkeit und der Sehnsucht nach immateriellem, aber empirischen, Geistig-Kosmischen: Eine Kunst des Mystizismus.

Die eigentlich entscheidende Tat, durch die die künstlerischen Grundlagen der neuen Zeit geschaffen wurden, hat in Frankreich C é z a n n e (Abb. 13, 28, 33, 128, 129), in Deutschland H o d l e r (Abb. 19, 32, 40, 144) vollbracht.

Die Bedeutung der Kunst der beiden Meister kann hier naturgemäß nur oberflächlich gekennzeichnet werden. Will man es kurz sagen: Cézanne leitet den rationalistischen Impressionismus in die Sphären der Mystik hinüber. Seine Welt ist nicht mehr die farbig formale künstlerische Einheit der Wirklichkeit. Er sieht vielmehr in der Wirklichkeit eine höhere

geistige Natur, die aber nicht über den
Dingen, sondern in ihnen als eine wundersame Kraft lebt und alle gegenständlichen
und stofflichen Unterschiede aufhebt zugunsten dieser Kraft. Die empirische Welt
erhält ein kosmisches Antlitz, kosmische
Weite. Er verneint nicht das Materiale der
Wirklichkeit, Farbe, Licht, Körper, Raum,
aber er bedient sich des Materialen, um
seiner alldurchdringenden geistigen Potenz
zur naturhaften Wirklichkeit zu verhelfen.
Bei Trübner (Abb. 116) sind die Farb-
motive noch aus den stofflichen Unterschieden gewonnen und zu einer künstlerischen Einheit der empirischen Welt geworden, bei Cézanne reißt unendliches
Licht Berge von Schatten drohend entzwei
und in der lauernden Ungewißheit dieses
bildlichen Geschehens läßt es den Raum
in allen seinen Teilen erzittern. Es weitet
sich die Erde zur immateriellen Welt, es
verliert sich das Menschliche in der kosmischen Naturhaftigkeit. Für Hodler wird
das Bildsystem zum Symbol der o r d n e n-
d e n Kraft. Das galt auch für Hans von
Marées. Aber dieser spricht nur von der

Abb. 144. Hodler, Tell
(Phot. R. Piper & Co., München).

inneren Ganzheit der empirischen Natur, von der natürlichen Gemeinschaft alles Lebendigen,
Cézanne von der letzten W e s e n s g l e i c h h e i t alles Lebendigen, Hodler dagegen von der
W i l l e n s b e s t i m m t h e i t alles Lebendigen durch die in ihm sich kündende Ordnung. Ordnung heißt ihm mithin nicht innere Harmonie des Lebens wie Hans von Marées, Leben nicht alles
gleichmachende Natur — Lebendigkeit mit einer irrationalen Struktur wie Cézanne, sondern
Leben heißt ihm Verwirklichung jener sittlichen Ordnung, die als überpersönliche Schicksalsmacht alles Denken, Empfinden, Wollen und Tun bestimmt und alles Einzelne hineinverbaut
in die felsenharte Organik einer ewigen kosmischen Lebensgemeinschaft. Hierin ist Hodler
ganz Deutscher. Er verkörpert in dieser voluntaristisch-ethischen Auffassung des Problems
moderner Weltanschauung das Wesen des deutschen Geistes wie kein zweiter.

Das Formensystem des Bildes will m e t a p h y s i s c h e Ordnung an sich, geistige Kraft
sein, die das Materiale des Körperlichen in sich verflüchtigen läßt: er erscheint das Erbe
der Gotik.

Im Tell (Abb. 144) schildert Hodler nicht den Helden, der mit dem Schicksal ringt, um
es zu bezwingen, nicht den Sieger, nicht die historische Persönlichkeit, sondern das Schicksal
selbst, stark, unverrückbar, die Gottheit im Helden, durch, den sie wirkt und spricht, schreckhaft groß wie Moses, als er vom Berge Sinai kam. Diese nebelgeborene Riesengestalt wird
hier zum Symbol, zum schicksalbezwingenden Gesetz. In einer rigorosen Willensmacht geht
das „Persönliche" unter. Gott erscheint im Handeln seiner berufenen Geschöpfe.

Abb. 145. Marc, Blaue Pferde.

Die jüngere Generation steht freilich nicht auf seinen Schultern allein, zumal Hodler nur für die deutsche Kunst eine grundlegende Bedeutung hat. In Frankreich zieht der kritizistische Geist des 19. Jahrhunderts die letzte Folgerung aus seinem Wesen auch auf dem Gebiete der Kunst: er objektiviert das Gestaltungsproblem als ein Problem des Wesens unserer sinnlichen Vorstellung und macht seine Irrationalität zum problemhaften Gegenstand künstlerischer Gestaltung, in der die empirische Gegenstandswelt untergeht (Picasso Abb. 11, 27).

Die Deutschen übernehmen diese neuen Gestaltungsgrundsätze mehr als Wegweiser denn als Stilformel und bauen sich auf dem von Hodler mitbegründeten nationalen Reiche des künstlerischen Geistes eine neue Welt, die weit und stark zurückweist nach den großen Zeiten deutscher mittelalterlicher Kunst. Eine überraschende Neugeburt des deutschen kulturellen Geistes bereitet sich vor, mit der sich die Renaissance des orientalischen Geistes zugleich vollzieht. Das künstlerische Schaffen wird zum Gottesdienste, hier mehr als anderwärts.

M a r c ist die bezeichnendste Persönlichkeit für das Denken und Schaffen dieser jüngsten Generation in Deutschland (Abb. 16, 145, 146, 149). Er geht wie Cézanne von der empirischen Welt aus und macht aus ihr einen geistigen Komplex, aber unter Natur begreift er nicht die irrationale Lebenskraft wie Cézanne, sondern eine innerliche G a n z h e i t, der er eine bildhafte Form verleiht. Suchte Cézanne die kosmische Einheit jenseits aller individuellen Wesensverschiedenheit, so gestaltet Marc, ausgehend vom geistigen Typus der Individualität seiner zumeist der Tierwelt entnommenen Darstellungsgegenstände, den irrationalen L e b e n s r e i c h t u m seiner Individuen und erweitert deren Gestalt zu einer kosmischen, wundersam g e o r d n e t e n Vitalität. Dadurch berührt er die Elemente der Kunst von Picasso und Hodler. Die extensive Energie seiner Farben und Formen gibt seiner Kunst gegenüber der Cézannes eine quellende Frische und robuste Stärke, deren Kindlichkeit und Einfachheit gegenüber der rassigen Sensibilität der Farben Henri Matisses den Deutschen ebenso erkennen läßt, wie sein Drang, der heiligen Ordnung in den Wundern des lebendigen Wachstums und hinter aller Erscheinung dem dauernden W i r k e n, hinter allem Klingen und Leuchten der Farbe der heilig sicheren Ruhe einer ewig rätselhaften, alles liebend umschließenden Macht Gestalt zu verleihen. Die Farbe verliert ihre materiale Körperlichkeit und wird zur gewaltigen Energie eines riesenhaften, aber immateriellen Raumes, in dem aus den zyklopischen Trümmern des empirischen Daseins die grenzenlose Größe kosmischer Weiten strahlend sich formt.

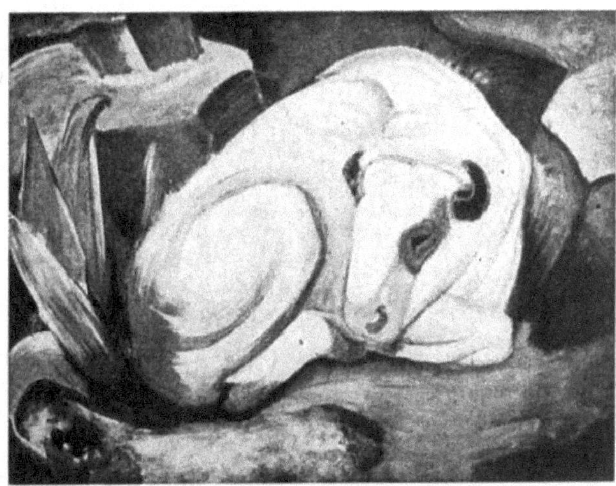

Abb. 146. Marc, Stier.

Die Farben sind gegenstandsbereite Raumkomplexe und daher weder wirkliches Licht noch Farbe an sich, sondern nach allen Dimensionen unendlich drängende Kräfte, jubelnd, klar, feurig, tief, unbändig und doch nicht anarchisch. Der Fall Marc: der Fall des jungen künstlerischen Deutschland. Wie Kandinskys anarchische Weltensymbolik der Fall des jungen künstlerischen Rußlands.

Gauguin, Henri Matisse, Picasso offenbaren insoferne auch die stilistische Vaterschaft dieser jungen Gruppe, der sich Girieud (Abb. 36) u. a. anschließen, als sie mit dem Ausdehnungsdrang ihrer groß silhouettierten farbigen Lichtmassen dem immateriellen Raume eine explosive Energie, eine überpersönliche, übergegenständliche Naturkraft verleihen, die die empirische Welt auf ihren Elementarcharakter zurückführt, um den metaphysischen oder mystischen Kern ihres Wesens leuchtend zu enthüllen. Auch bei weniger tiefgreifenden Naturen wie Fritz Erler oder Dill, die diese Ideen in einem dekorativen Bühnen- und Kostümbild urweltlichen Lebens mit theatralischem Ernste darbieten, wird man, von den begabteren Cézanneepigonen wie Weisgerber (Abb. 147) ganz abgesehen, verwandte Neigungen erkennen. Das stärkste aus dem impressionistischen Kreise hervorgegangene moderne Talent in Deutschland ist E. N o l d e, an urwüchsiger künstlerischer Kraft die ihm verwandten Franzosen Gauguin und Henri Matisse weit überragend. Seine Farbensprache findet in der Mystik Grünewalds ihren großen deutschen Ahnen (Abb. 148).

Auf literarischem Gebiete verkörpern die Werke von Zola und Dostojewsky die Gegensätze dieser beiden Perioden in monumentaler Klarheit.

Zola, der Mann des tatenfrohen selbstbewußten Subjektivismus der dritten Periode: „Wir haben alle Systeme studiert und verworfen, nachdem wir hart gearbeitet hatten, uns gesagt, daß außerhalb des mächtigen persönlichen Lebensgefühls alles Lüge und Dummheit ist." So greift Zola tief in das Leben alltäglicher Wirklichkeit hinein und stellt sie hin als eine Welt für sich, wie ein Gebirge, riesenhaft zwischen die Welt der Sonne und Sterne gesetzt. Der einzelne Mensch, die Persönlichkeit löst sich wie in einem impressionistischen Bilde auf in dem

Abb. 147. Weisgerber, Sebastian.

dämonisch funkelnden Glanze einer die diesseitige Lebensganzheit triumphierend durchströmenden, künstlerisch geformten Kraft, in deren Gestaltung der Künstler die animalische und doch veredelte Vitalität seines schöpferischen Geistes genießt. Zolas Kunst bringt den Geist Manets und van Goghs auf einen Nenner, indem er dem Geistigen in der materiellen Wirklichkeit, ihrer schauerlich brutalen Energie und ihrer elementaren schlichten Einheit zu künstlerischer Gestalt verhilft.

Bei Dostojewsky verliert die Wirklichkeit diese ihrem Wesen eignende berauschende Kraft und bleibt nur der Durchgangspunkt für eine höhere Geistigkeit, der Himmelssturm in diesseitiger Erde gestaltet! Die Idee soll ihren Wirklichkeitsleib erhalten.

Dostojewskys Gestalten sind daher nicht eigentliche Menschen oder bloße Menschentypen, sondern Körper gewordene Seelenzustände, in denen das Licht der Wirklichkeit wie in einem unergründlichen See sich bespiegelt und die Rätsel seiner Tiefen im matten Schimmer hervorholt. Das Geistige leuchtet ihm aus dem Untermenschlichen als eine irrationale Lebensganzheit, aus dem Trunkenbold, Halunken und Selbstmörder, aus Elend und Gemeinheit entgegen. Hier glaubt er die Rätsel des Absoluten in seinen unmeßbaren, feinsten Schattierungen zu belauschen und in den dunkelsten Tiefen des Lebens blitzt ihm der weltenferne Strahl des ewigen Lichtes entgegen, wie Cézanne ihn in der landschaftlichen Natur, van Gogh im menschlichen Antlitz entdeckte. „Wir müssen vor allen andern Dingen die aus der Ewigkeit in die Ewigkeit reichenden Fragen lösen“, ruft Dostojewsky seiner Zeit zu.

Die Russen sind die ersten, die mit allem Nachdruck „nach einem gestaltlosen und unmittelbaren Verkehr mit der Wahrheit“ dringen und in ihrem Künstlertum den Heiligen entdecken, den Feuerfunken der unsterblichen Seele, sein Glühen und Zucken in der untermenschlichen Region des Daseins. Die Russen haben als Propheten der jüngsten Zeit auch den Gedanken tragischer Gebundenheit ins Positive einer neuen Lebens- und Menschheitsgemeinschaft gekehrt, indem sie ihm sein subjektivistisches Zentrum nahmen. Tolstoi erhebt über den Trümmern seiner zusammengebrochenen europäischen Kulturwelt diese Idee einer Liebesgemeinschaft der Menschheit, das Licht in der finsteren Welt des äußeren Elendes.

Diese Idee einer Liebesgemeinschaft der Menschheit hat Hodler als erster, wenn auch auf anderer kultureller Grundlage, gestaltet. Wir wissen, und empfinden, sagt Hodler, daß das, was uns Menschen eint, stärker ist als das, was uns trennt Die Russen taten den letzten Schritt und befreiten nach dem Vorgange von Nietzsche diese Ideenwelt von dem Banalen alltäglicher Wirklichkeit. „Ich kenne mich selbst als die Kraft des Lebens, die durch mich hindurchgeht . . aber was ist denn diese ganze unendliche Kraft? Ein ewiges Geheimnis. Ich weiß nur, daß uns der Tod dabei nicht furchtbar ist. D i e I s o l i e r u n g d e s G e i s t e s, d i e v o n d e r F o r m h e r r ü h r t e, d u r c h d i e i c h g i n g, h ö r t a u f u n d i c h v e r e i n i g e

mich mit allem!" Hier liegen die kulturellen Wurzeln der
Kunst der jungen Russen,
voran Kandinskys.

Auf dem Gebiete der Phi-
losophie wäre für die erste
Periode und ihren platten materialen Rationalismus Häckels
Welträtsel zu nennen, die alles
auf die dynamische Struktur
des Weltäthers zurückführen,
und in ihrem Gefolge die Religion der Wissenschaftsphilister,
die sich Monismus nennt und
kühn sich zu dem Bekenntnis
versteigt: „Von allen Leistungen des menschlichen Geistes
bleibt daher die Wissenschaft
als diejenige übrig, welche die
höchste Klarheit und damit

Abb. 148.   Nolde, Die Ehebrecherin.

auch die höchste Macht des Menschen in bezug auf seine eigene Natur gewährleistet." Daneben
Nietzsche-Jeremias, der sein erschütterndes Klagelied über die Grenzen seines erkennenden
Geistes hinausschreit ins Wesenslose, Uferlose, in Wahnsinn verfallend vor dem Gestaltlosen.

Dieser rationalistische Monismus der Philosophie bildet auch die Grundlage der Theorie
über die anschauliche Erkenntnis und das Wesen des künstlerischen Schaffens. Mach: „Man
könnte in bezug auf Physik der Ansicht sein, daß es weniger auf die Darstellung sinnlicher
Tatsachen als auf Atome, Kräfte und Gesetze ankommt, welche gewissermaßen den Keim jener
Tatsachen bilden. Unbefangene Überlegung lehrt aber, daß jedes praktische und
intellektuelle Bedürfnis befriedigt ist, sobald unsere Gedanken die sinnlichen Tatsachen vollständig nachbilden können. Die Gesetze sind nur die Mittel,
welche uns jene Nachbildung erleichtern. Der Wert der letzteren reicht nur soweit als ihre Hilfe." Hildebrand: „Das Persönliche spielt nur insoferne eine Rolle, als
es künstlerisch-objektiver Natur ist und in ein allgemeines künstlerisches Gesetz einmündet.
Dies Gesetz hat eine halb naturwissenschaftlich, halb erkenntnistheoretische Grundlage
insofern, als es auf den Mechanismus unserer geistigen Natur zurückführt. Will
man von einer Aufgabe der Kunst sprechen, so kann sie nur die sein, trotz aller Zeit-
krankheiten immer wieder den gesunden und gesetzmäßigen Zusammenhang zwischen unserer
Vorstellung und unserer Sinnestätigkeit herzustellen."

Dagegen stellt sich nun das Geistesleben der jüngeren Periode auf eine ganz andere
Grundlage: Henri Bergson kommt in Frankreich zu einer naiven Naturmetaphysik und wagt
zu sagen, die unbegriffene Wirklichkeit sei die wahre Wahrheit. Für den Deutschen
Husserl ist die Philosophie eine phänomenologische Forschung, nicht Tatsachen wissenschaft, sondern Wesenswissenschaft: Sie sucht die trennende Linie, die als Grenze des Erkenn-
baren das Irrationale berührt, und die jüngere Forschung bespiegelt kritisch ihr eigenes
neues Wesen. „So wird das Problemhafte zum auszeichnenden Merkmal aller kritischen

Philosophie. Es verschwinden alle scharfen Grenzlinien, welche das Problem von seiner Lösung schieden, im Wissen selbst kommen Elemente des Nichtwissens zum Vorschein, im Nichtwisen Keime eines neuen Wissens." Das Irrationale wird der schöpferische Urgrund der Philosophie und erhält „logischen Wert". Kandinsky: Die „Form ist äußerer Ausdruck des inneren Inhaltes. Die Notwendigkeit schafft die Form. Man muß sich zu seinem Werke so stellen, daß auf die Seele die Form wirkt, sonst erhebt man das Relative zum Absoluten. Um dem Geistigen die stärkste Realität zu verleihen, kämpft der Künstler gegen das Artistische, die Kunstleistung als Folge raffinierter Geschicklichkeit. „Das zum Minimum gebrachte ‚Künstlerische‘ muß hier als das am stärksten wirkende Abstrakte erkannt werden. Das zum Minimum gebrachte ‚Gegenständliche‘ muß in der Abstraktion als das am stärksten wirkende Reale erkannt werden."

Am Eingang der neuen künstlerischen Ära steht nicht mehr die Frage nach dem Wesen der Erscheinung. Der Künstler frägt, was sind die Dinge, die Welt, das Leben für u n s. Er frägt nach den ethischen Werten und Inhalten der Erscheinung und wird so bewußt zum Erzieher und Propheten. Das vage Traumbild vom Anfang des 19. Jahrhunderts schickt sich an, Wirklichkeit zu werden. Wirklichkeit im Bilde.

Die Natur wird als geistige Tatsache oder Phänomen zum Problem des künstlerischen Denkens und damit für den Beschauer ein stets neu zu erwerbender Besitz.

Nachwort.

Im Sturm stärkster seelischer Anspannungen, sich selbst als Einsamen im Schatten von Weltereig-nissen fühlend, hat Burger diese Einführung in die moderne Kunst niedergeschrieben. Noch im Garnison-dienst an den Folgen einer Verwundung tragend, doch schon den Blick gerichtet auf jenes „Fegfeuer", wie es sein Freund Marc genannt hat. Die letzten Seiten sind vor Verdun zu Papier gebracht, kurz bevor Burger durch eine Granate vom Pferde geschmettert wurde. Das mag manches Abgerissene, Unvollständige er-klären, doch wurde dieser Charakter pietätvoll gewahrt bei der Herausgabe, in der wir Frau Clara Burger zu unterstützen bemüht waren, da stärkeres Formen am Text ein Verschleiern des hervorsprudelnden In-halts gewesen wäre.

Mit einer Leidenschaftlichkeit, die nur der kennt, der bewußt mit dem Abschluß eines in allen Pulsen vorwärtsdrängenden Daseins sich abzufinden hat, umschlang Burger noch einmal alles, was dieses Dasein ihm geboten hatte, ihm zu versprechen schien. Jene Wallungen und Spannungen, die in ihrer Intensität nur ein Historiker zu erleben vermag, der die unendliche Fülle des Gewordenen schöpferisch neu gestaltet, jene liebende, schenkende Glückseligkeit und Qual, die den Künstler durchzittert, jene emporjauchzende Dithyrambik und jene sich versenkende Mystik, in denen das Leben eines Menschen strömt, der sich stark in Seele, Verstand und Körper weiß, fanden jetzt für ihn eine letzte Synthese. Vielleicht ihm selbst nicht einmal bewußt, doch alles durchdrängend und formend: Alles Geschaffene schaffe ich mir als Ausdruck meines Geistes; Unendlichkeit und Ewigkeit sind in mir, von denen ich an die Dinge schenke, die ich wieder aus ihnen nehme, gleichwie Trauben aus dem bestellten Weinberg. Ich bin Sämann und Saat, Schnitter und Ernte. Und doch schon wieder über sich, den Rastlosen, hinwegweisend, geht durch die letzten Briefe an die Gattin eine Ahnung, daß auch hier dem Ich Grenzen gesetzt sind, vor denen der Skeptiker verzweifelt, die nur eine ins Mystische gesteigerte Anbetung des Daseins als Verheißung wundersamer Fernen hinzu-nehmen vermag. „Nie habe ich die rätselhafte Beseeltheit des Lebens stärker um mich gefühlt. Die Dinge tauchen empor aus einem unendlich weiten Schatten, rufen mich an und verschwinden wieder, und ich selbst sehe, je mehr ich mich erwerbe, daß dieses Ich nur den Teil besitzt, den ich begriffen, und spüre immer die Grenze des noch unbegriffenen Unbegreifbaren."

Dieses subjektivistische Ausdrucksverlangen Burgers, getragen von einem starken Daseinsbewußtsein, wird ihn stets von dem echten Historiker scheiden. Er zwang die Dinge sich zum Bilde. Dies verhehlen, hieße seine Eigenart verblassen machen. Wir alle, die wir Historiker sind, kennen die qualvolle Tragik

Fritz Burger, Es werde Licht

unseres Seins: immer von neuem Geschaffenes zu werden, nie ein Werdendes neu zu schaffen; glücklich schon, wenn Einzelgebiete jenes gewaltigen Reichs sich Teile unseres innersten Empfindens angleichen. Burger kannte diese tragische Unterordnung nicht. Jedes historische Material, das er aufgriff, wurde ihm zum geistigen Ausdruck, mußte sich ihm beugen. Statt als Historiker zu objektivieren, subjektivierte er mit höchster Kraft. Er schuf den Typ des wissenschaftlichen Expressionisten, ohne zu argwöhnen, daß in diesem Titel das Beiwort vom Hauptwort zerätzt wird, mag auch persönliche Intuition unendlich oft aus Historischem geheimste Nerven herausreißen. Immer wieder schreckt historisches Denken seinen Ausführungen gegenüber zurück mit einem: „So war es nicht". Doch immer wieder muß menschliches Denken bekennen: „Hier erfüllt sich höchstes Glück der Persönlichkeit. So möchte es gewesen sein." Keine Geschichte der modernen Kunst wurde geschrieben, wohl aber ein Tagebuch vom Erleben moderner Kunst.

In diesem subjektivistischen Ausdrucksverlangen tut sich andererseits die unendliche Freiheit des Künstlers auf, gebunden nur an eigenes Gesetz. Jene Synthese, in der Burger den Bau der Historie zu fügen vermeinte, sprengte zwar diesen auseinander, doch über seine Fundamente stürzte das glühende Dasein hinweg. Umhergeschleudert wurde er im Chaos des Lebendigen. Es gibt ein Bild von ihm „Die Sintflut", und ein späteres Bild „Es werde Licht" (Taf. VI), „gemalt an Marcs Todestag, seinem Geisteswillen folgend" — — Symbole! Denn aus dem Chaos begann sich ihm die eigene, künstlerische Welt zu formen, eine Welt, die er als Kosmisches verstand, das um die Pole seines Daseins kreiste und das gleichzeitig zwischen diesen Polen eingefangen, von ihnen bestimmt wurde.

„Was sind die Dinge, die Welt, das Leben für mich?" Burger hätte stets scheiden müssen, ehe er als Mensch die vollkommene Antwort darauf hätte geben können. Ihm jedoch schien sich in diesem letzten Werk hin und wieder der Schleier zu lüften: expressionistisch weist er über sich hinaus durch sich. So wird dieses Tagebuch vom Erleben moderner Kunst zum tastenden Bekenntnis eines Menschen, der fort und fort darum rang, sich eine geistige Welt zu schaffen. Dessen Daseinsgläubigkeit, die Skepsis nicht kennen wollte, von der Sicherheit getragen war, mitzubauen am geistigen Besitz seiner Zeit. Angetrieben von geheimnisvoller Macht, gleich einem Mainomenos: „Niemals ist's mir so stark zur Gewißheit geworden, daß eine Macht mich führt, der ich folgen muß, und die vorhat mit mir, etwas mir mehr und mehr zum Bewußtsein Kommendes, Bestimmtes, schon in mir Liegendes auszuführen. Ich fühle mich als Instrument."

Eine exakte Geschichte moderner Kunst muß unvermeidlich dem Schicksal anheimfallen, überholt zu werden. Bekenntnisse zu ihr bleiben wertvoll immerdar.   A. E. BRINCKMANN.

Abb. 149.   Marc, Versöhnung (aus der Wochenschrift „Sturm" 1912).

Inhaltsangabe.